물어보기 부끄러워 묻지 못한

생활 속
소송상식

물어보기 부끄러워 묻지 못한
생활 속 소송상식

초판 1쇄 인쇄 2025년 2월 3일
초판 1쇄 발행 2025년 2월 10일

지은이   추헌재
펴낸이   이종두
펴낸곳   (주)새로운 제안

책임편집   엄진영
본문디자인   프롬디자인
표지디자인   프롬디자인
영업   문성빈, 김남권, 조용훈
경영지원   이정민, 김효선

주소   경기도 부천시 조마루로385번길 122 삼보테크노타워 2002호
홈페이지   www.jean.co.kr
쇼핑몰   www.baek2.kr(백두도서쇼핑몰)
SNS   인스타그램(@newjeanbook), 페이스북(@srwjean)
이메일   newjeanbook@naver.com
전화   032) 719-8041
팩스   032) 719-8042
등록   2005년 12월 22일 제386-3010000251002005000320호
ISBN   978-89-5533-662-7 (03360)

소송의 기초부터 실제 사건 대처법까지
누구나 알아야 하는 소송상식 A to Z

물어보기 부끄러워 묻지 못한

생활 속
소송상식

추헌재 지음

새로운 제안

거대하고 울창한 숲에서 나무만 보며 걸어간다면 길을 잃어버리기 십상일 것이다. 소송이나 이를 설명하는 책을 접하는 경우에도 마찬가지이다. 소송의 어려움이나 흔히 기본서라고 불리는 소송을 다루는 책들의 방대함을 고려하면 이는 당연하다.

대부분의 사람들은 소송의 모습을 드라마나 영화의 한 장면을 떠올리며 이해하고 있는 경우가 많다. 물론 그 한 장면은 법정에서 변호사와 검사가 말로 다투는 모습일 것이다. 그러나 우리가 소송을 제대로 이해하려 함에 있어 문제는 이러한 장면은 드라마틱한 상황을 연출하기 위해 각색된 측면이 강하다는 점에 있다. 또 그 장면의 전후로 존재하는 많은 소송절차는 생략되어 있다는 점에 있어서도 아쉬움이 남는다.

이 책은 결국 진짜 소송을 소개하면서도 콤팩트하게 서술함에 주안점을 두었다. 진짜 소송의 모습을 그 흐름에 따라 가감 없이 설명하면서도 큰 흐름에서 벗어나는 내용은 간단하게만 소개하거나 생략하였다. 이 점이 시중에 있는 많은 책과 이 책의 다른 점이다. 즉 시중의 책들과는 달리 이 책은 하나하나의 나무를 모두 소개하는 완전함을 희생하여 거대하고 울창한 숲에서 길을 잃고 헤매지 않도록 하는데 중점을 두었다.

결국 아무리 좋은 책이라도 지나치게 어려우면 도움이 되지 않을 가능성이 크다. 따라서 아직 소송을 접해보지 못한 대부분의 사람들에게는 이 책을 먼저 접해보는 것이 보다 적합할 것이라 생각한다. 다만 필수적인 법률용어의 경우 어렵더라도 최대한 용어 그대로를 쓰고 이에 덧붙여 설명하는 방식을 취했다. 무조건 쉬운 것보다는, 같은 용어를 사용해 놓아야 실제 소송을 접하게 되었을 때 헷갈리는 일이 없을 것으로 생각했기 때문이다.

이 책은 소송의 대표적인 경우인 민사소송과 형사소송을 중심으로 전체적으로 그 절차의 흐름에 따라 설명하는 방식을 택했다. 이에 대한 이해를 돕기 위해 법률용어 설명 등 소송의 전반적인 모습도 설명하였다. 또 문제 해결에 포커스를 맞추어서 소송 이외의 문제해결 방법 등에 대해서도 설명하였다. 결국 이 책은 민·형사 사건에 있어 소송을 중심으로 다양한 문제해결 방법을 소개하는 책이라고 할 것이다.

누구나 민사소송을 제기할 수 있고 형사 고소를 할 수 있다. 특히 요즘은 이렇게 법으로 해결하려는 경우가 많아진 듯 보인다. 이 말은 결국 누구나 법적인 문제에 관련될 수 있다는 말이다. 소송까지는 아니더라도 내용증명을 받거나 합의를 하는 등의 경우까지 고려하면 더욱 그러하다. 이 책이 법적인 문제로 고민하는 분들이나 소송에 대해 알고자 하는 분들에게 조금이나마 도움이 되었으면 한다.

몰라서 억울한 일을 당하지는 않아야 하지 않겠는가? 건투를 빈다!

마지막으로 필자의 첫 번째 책인 「흥미로운 형사사건 이야기」에 이어 이 책을 쓸 것을 제안해주고 이 책이 나올 수 있도록 도움을 주신 새로운 제안 출판사의 모든 관계자 여러분께 감사의 인사를 드린다.

변호사 추헌재

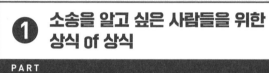

1장 소송이 **뭐지?**

2장 소송의 종류에는 **어떤 것이 있을까?**

3장 소송은 **누가 하는 걸까?**

❷ 난 소송을 해야 할까?

PART

3 돈 받기를 원한다면? 민사소송!

PART

1장 소를 제기하자

❹ 처벌을 바란다면? 형사소송!

PART

1장   내가 피해자라면? **고소!**

2장   내가 가해자라면? **피의사건 방어!**

⑤ 소송이 끝나고 난 뒤 실제로 돈을 받는 방법? 집행

PART

1장   집행을 위한 재산 확인 방법? 재산명시 신청과 재산조회 신청

2장 강제집행은 **어떻게 이뤄질까?**

3장 당하는 입장에서 강제집행이 부당하다고
생각한다면? **강제집행정지신청**

6 대표적인 민사·형사·행정·가사사건 대처법
PART

1장 특히 돈이 **문제되는 경우**

2장 돈 이외의 것이 **문제되는 경우**

PART 1

소송을 알고 싶은 사람들을 위한 상식 of 상식

1장

소송이
뭐지?

소송이 뭘까? 누구나 소송이라고 하면 어렴풋하게나마 법원을 통한 분쟁 해결절차를 떠올릴 것이다. 그런데 문제는 그 어렴풋한 이미지가 정확하지 않을 수 있다는 데 있다. 먼저 소송이 무엇인지 제대로 알아보는 것부터 시작하자!

사전에서의
소송

먼저 소송의 사전적 의미를 살펴보자. 표준국어대사전은 '소송'을 "재판에 의하여 원고와 피고 사이의 권리나 의무 따위의 법률관계를 확정하여 줄 것을 법원에 요구함. 또는 그런 절차. 민사소송, 형사소송, 행정소송, 선거소송 따위가 있다." 어떤가? 잘못된 부분이 보이는가?

소송에는 민사소송이나 형사소송 등 여러 종류가 있는 것을 알 수 있다. 그런데 '원고'나 '피고'라는 용어는 민사소송이나 행정소송 등에서 사용될 뿐 형사소송에서는 사용되지 않는다. 형사소송에서 원고와 피고에 대응되는 관계는 '검사'와 '피고인'이다. 형사소송은 피고인의 범죄 유무를 판단하는 절차이다. 결국 표준국어대사전에서 설명하는 '소송'은 민사소송을 염두에 둔 것으로 형사소송을 포함하지 못하는 문제가 있다.

영화와 드라마에서의
소송

우리는 소송이라고 하면 흔히 영화나 드라마의 한 장면을 떠올린다. 변호사가 법정을 돌아다니거나 서류뭉치를 마구 흔들면서 검사와 격정적인 공방을 펼치거나 설전이 오가는 장면을 떠올리고 이게 소송의 모습이라고 생각하는 경우가 많다.

그런데 앞에서 보았듯 검사가 나온다면 이는 형사소송인 것이니 소송의 전부를 보지 못하고 일부분만을 보고서는 그게 소송이라고 착각하는 사람들이 많다. 심지어 실제 형사소송의 경우 법정에서는 미리 제출한 서류를 확인하는 정도에 그치고 변론 역시 변호사석에서 서서 또는 앉아서 한다. 이렇게 차분한 분위기에서 이뤄지는 것이 보통이기 때문에 드라마에서처럼 극적인 장면을 기대해서는 안 된다.

실제 현장에서의
소송

　사전도 영화나 드라마도 소송을 제대로 보여주지 못하니, 어찌 보면 대부분이 소송을 잘 모르는 것은 당연하다. 실제 현장에서는 민사소송과 형사소송이 구분되어 있다는 것 자체를 모르거나 민사소송을 제기해야 할 것을 형사소송으로 해결하려고 하는 경우, 민사소송의 경우 '소장', 형사소송의 경우 '고소장'이라고 함에도 '민사고소장'이라고 하거나, 피고를 피고인으로 또는 그 반대로 쓰는 경우처럼 민사와 형사를 구분하지 못하는 경우가 비일비재하다.

　그렇기 때문에 이 책에서는 소송을 제대로 이해하기 위해서 대표적이면서 차이가 확연한 민사소송과 형사소송을 위주로 살펴보기로 한다.

헷갈리는 법률용어 뽀개기

민사소송과 형사소송을 제대로 알아보기에 앞서 각 소송에서 사용되는 헷갈리는 법률용어를 알아보자.

소장(민사)·고소장(형사), 피고(민사)·피고인(형사)은 구별된다. 또 민사소송에서는 변호사를 소송대리인이라고 부르는 반면 형사소송에서는 변호인이라고 한다. 이러한 사실을 안다면 그 단어만으로도 민사소송인지 형사소송인지 알 수 있다.

항소(1심 재판에 불복하는 것)와 상고(2심 재판에 불복하는 것)를 구분할 줄 안다면 사건이 어디까지 올라가 있는지를 알 수 있다. 형사사건에서 용의자(내사단계) → (입건) → 피의자(수사단계) → (기소) → 피고인(재판단계)의 절차를 안다면 그 용어만으로도 사건이 어떤 단계에 있는지를 바로 알 수 있다.

그러므로 이런 용어들을 알아둔다면 뉴스 기사 등을 보다 잘 이해할 수 있을 것이다.

· 형사소송에만 있거나 민사소송과 차이가 있는 용어들 ·

형사소송 용어	내용	민사소송의 경우
내사	혐의가 있는지 내부적으로 조사한다는 것. 수사개시 이전의 단계로 형사사건으로 입건되기 이전 단계에서 범죄 혐의 유무를 확인하기 위해 조사하는 것	

입건	수사기관이 범죄 혐의를 '인지'한 후 정식으로 수사를 개시해 사건으로 성립시킨다는 것	
고소, 고소장	범죄의 피해자 또는 그와 일정한 관계가 있는 고소권자가 수사기관에 피고소인을 처벌해달라고 하는 의사표시를 하는 것 및 그러한 의사표시가 된 서류	소제기, 소장 : 예를 들어 돈을 돌려달라고 하는 의사표시를 하는 것 및 그러한 의사표시가 된 서류
고발	제3자(고소권자와 범인 이외의 자)가 수사기관에 대하여 범죄사실을 신고하여 범인의 재판을 요구하는 의사표시	
범죄신고	누구든지 범죄사실을 수사기관에 알리는 것. 범인에 대한 처벌의사를 표시할 필요가 없다는 점에서 고소·고발과 구별됨	
피고소인	고소장에 피고소인으로 적혀 있는 자. 즉 고소를 당한, 가해자로 지목된 자	
용의자	범죄의 혐의가 뚜렷하지 않아 내사단계의 조사 대상이 된 사람으로 피내사자라고도 함	
피의자	범죄의 혐의로 인해서 수사를 받고 있는 자이며 기소(공소제기) 전의 수사단계에 있는 자	
피고인	경찰, 검찰 등에서 혐의가 인정되어 기소(공소제기) 후 법원 재판단계에 있는 자	원고 : 법원에 민사소송을 제기한 자 ※ 형사소송에서는 '검사'가 원고와 유사한 역할을 수행함 피고 : 민사소송의 상대방
변호인	형사소송에서 피고인의 변호를 담당하는 변호사	소송대리인 : 민사소송에서 의뢰인을 대리해 민사소송 업무를 수행하는 변호사

TIP

민사소송과 형사소송에 공통된 용어이지만
각각의 용어들이 비슷해서 헷갈리는 경우

용어	내용
항소	1심 판결에 불복(이의)하여 2심으로 가는 것
상고	2심 판결에 불복(이의)하여 3심으로 가는 것
상소	상급심으로 가는 것을 통틀어 말하는 것(위 항소, 상고를 전부 상소라고 해도 된다는 의미)
항고	판결이 아닌 법원의 결정, 명령에 대해 불복(이의)하는 방법. 또는 검사의 불기소처분에 대하여 고소인·고발인이 검사의 상급기관에 불복(이의)하는 절차
원심	그 재판의 한 단계 앞서 소송을 심리한 재판. 또는 그 법원(사건이 2심에 있는 경우 1심, 3심에 있는 경우 2심을 말하는 것)

2장

소송의 종류에는
어떤 것이 있을까?

소송의 종류는 해당 소송을 통해 달성하려는 목적 등에 따라 민사소송, 형사소송, 행정소송, 가사소송, 헌법소송 등으로 나뉘어진다. 이러한 각각의 소송은 분쟁 해결 수단이라는 점에서는 공통적이지만 각기 다른 법원과 절차에 의해 진행된다. 따라서 문제 해결을 바라는 당사자는 자신에게 어떤 소송이 필요한지를 먼저 알아야 한다. 이를 위해 각각의 소송의 특징을 살펴보도록 하자.

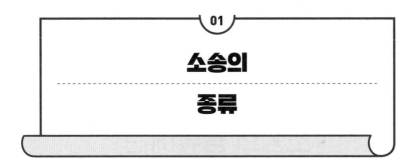

소송의
종류

　A는 자신의 자동차를 운전하다가 B를 치어 다치게 하였는데, 이로 인해 A의 운전면허가 취소되었고, 이 사고를 계기로 A의 아내 C가 평소에도 사고뭉치였던 A와의 이혼을 고려 중인 경우를 예로 들어보자. 이때 피해자 B는 치료비 등을 받기 위해 A에게 민사소송을 제기할 수 있다. 이와는 별도로 A는 자신의 범죄로 인해 기소되어 형사소송이 진행될 수 있다. 또 A는 자신의 운전면허 취소를 다투기 위해 행정소송을 제기할 수도 있다. 물론 C는 A와의 이혼을 위해 가사소송을 제기할 수 있다. 한편 A는 자신의 범죄를 처벌하는 법이 지나치게 가혹하다고 생각할 수 있는데 이때 필요한 것이 헌법소송이다. 이렇게 소송에는 대표적으로 민사소송, 형사소송, 행정소송, 가사소송, 헌법소송 등이 있다. 그러면 각각의 소송의 특징을 가볍게 살펴보자.

물어보기 부끄러워 묻지 못한 생활 속 소송상식

⛪ 민사소송

민사소송은 일반 생활관계에서 일어나는 다툼을 해결하는 제도이다. 즉 민사소송은 사법상 권리관계를 대상으로 한다. 빌려준 돈을 받기 위해서 또는 사고로 인한 치료비를 받기 위해서 등 주로 재산과 관련된 분쟁이 그 대상이다.

중요한 것은 민사소송은 대등한 주체 사이의 법률관계에 관한 것이어야 한다는 점이다. 가령 국가와 개인 간의 분쟁이더라도 국가배상법에 따른 손해배상청구는 민사소송에 의한다. 반면 행정청의 처분을 취소해달라는 취소소송은 행정소송의 대상이 된다.

민사소송에서는 권리가 있다고 주장하는 자 누구든지 소를 제기할 수 있다. 이렇게 소를 제기하여 재판을 청구한 사람을 '원고'라 하고 그 상대방을 '피고'라 한다. 민사소송은 원고와 피고간의 이해관계의 조정을 대상으로 한다.

⛪ 형사소송

형사소송은 사람에 대해 범죄 유무를 확정하고 그 범죄에 대해 사형, 징역형 등 적절한 형벌을 부과하기 위한 절차이다.

범죄 피해자가 마치 민사소송의 원고 역할을 할 것이라고 착각하기 쉽다. 그렇지만 형사소송은 사회질서를 파괴한 데 대한 응징을 하려는 것이다. 따라서 검사만이 기소(공소제기)를 할 수 있고 피해자는 실질적인 소송의 주체로서 대접받지 못한다. 다만 피해자는 고소장을 제출하는 등으로 수사기관이 수사를 개시하도록 그 단서를 제공할 수는 있다.

🏛 행정소송

행정청의 처분 그 밖의 공법상의 권리관계에 관한 분쟁을 대상으로 하는 절차이다. 행정소송법이 규정한 특례를 제외하고 민사소송법 등에 따르므로 행정소송은 특별민사소송절차로 보아야 한다.

참고로 서울에는 서울행정법원이 설치되어 운영 중이고, 다른 지역에는 아직 별도 행정법원이 설치되지 않았으므로 행정사건을 해당 지방법원 본원(지방법원에는 '본원'과 '지원'이 있는데 이는 회사의 '본점'과 '지점'과 유사한 관계이다)의 행정부가 관할한다.

행정소송의 종류에는 항고소송, 당사자소송, 민중소송, 기관소송이 있다.

🏛 가사소송

가정이나 친족 간의 분쟁 등을 대상으로 하는 소송이다. 가사사건은 가정법원의 전속관할(특정한 법원만 배타적으로 재판할 수 있는 것)에 속한다.

가사소송법은 가사사건을 크게 가사소송사건과 가사비송사건으로 나누어 전자는 민사소송법에 따르고 후자는 비송사건절차법에 따른다. 즉 좁은 의미의 가사소송은 특별민사소송절차이다.

가사소송법은 가사사건의 종류를 나열하고 있다. 가사소송사건은 가류, 나류, 다류로 나뉘며, 가사비송사건은 라류 및 마류로 세분된다. 가사소송사건에는 혼인의 무효, 재판상 이혼, 이혼 등을 원인으로 하는 손해배상청구에 관한 사건 등이 포함되고, 가사비송사건에는 후견, 상속, 유언, 친권, 부양 등에 관한 사건 등이 포함된다.

 TIP   **헌법소송**

헌법소송은 헌법규범의 내용이나 헌법문제에 대한 다툼을 유권적으로(국가의 권위 있는 기관이 법규를 해석하여) 해결하는 절차이다.

일반소송은 법의 해석에 의한 사건해결을 목적으로 한다. 반면 헌법소송은 법률이 헌법에 위반되는지에 대한 최종적 판단을 받는 것을 목적으로 한다. 이러한 위헌법률심판 이외에 탄핵심판, 정당해산심판, 권한쟁의심판, 헌법소원심판 등이 있다.

이를 통해 현행법 하에서 실현되기 어려운 권리구제를 받을 수 있다. 헌법소송은 법원에 의하는 일반소송과 달리 헌법재판소가 담당한다.

따로 또 같이 진행되는
민사소송과 형사소송

같은 사건에 대해 형사소송과 민사소송이 별도로 동시에 진행되는 경우가 많다. 예를 들어 가해자가 사기를 쳤다면 피해자는 가해자를 고소하여 가해자가 처벌받도록 할 수 있다. 그러나 피해자가 피해보상을 받으려면 원칙적으로 별도로 민사소송절차를 밟아야 한다.

그런데 민사소송과 형사소송이 별도로 진행된다고 해서 실질적으로 전혀 동떨어진 관계는 아니다.

특히 민사소송에서 형사소송의 도움을 받는 경우가 많다. 형사소송이 가해자에 대한 압박 수단이 되어 합의를 통해 피해보상을 받는 등으로 형사절차 내에서 민사적 해결을 꾀할 수 있다. 개인이 확보하기 어려운 증거도 수사기관은 수사과정에서 찾아낼 수 있어 이를 민사소송에서 활용할 수도 있다. 실무상 형사재판을 통해 유죄로 인정된 사실이 민사소송에서 유리한 증거자료가 된다.

결국 고소를 해놓고 수사상황을 살펴보며 민사소송을 진행할지를 결정하는 경우가 많다. 형사소송과 민사소송이 동시에 진행되는 경우 민사소송은 형사재판 결과가 나올 때까지 결론을 미루기도 한다.

3장

—

소송은
누가 하는 걸까?

누가 소송에 참여하고 소송을 이끌어가게 되는 걸까? 소송을 떠올려보면 어떤 결과를 요구하는 사람, 그 상대방, 그 요구가 타당한지 판단하는 사람이 있어야 한다는 점을 쉽게 생각할 수 있다. 또 경우에 따라서는 이들을 도와주는 사람도 필요하다. 다만 민사소송이냐 형사소송이냐에 따라 이들을 부르는 용어가 다르므로 그 차이에 주목하며 살펴보자.

민사소송의 경우

법원

법원이라는 말은 여러 가지 의미로 쓰인다. 보통은 법원에 간다고 하면 법원 건물을 떠올리기 쉽다. 하지만 여기서 말하는 법원은 개개 재판사무를 처리하기 위하여 한 명이나 여러 명(대개 3인)으로 구성된 재판기관을 말한다. 이러한 재판기관은 직업 법관으로 구성되는데 법관에는 대법원장·대법관·판사의 3종류가 있다.

재판기관을 구성원 숫자로 나누면 단독판사와 합의부가 있다. 이는 사건의 경중에 따른 구분으로 분쟁규모를 돈으로 환산한 '소가(원고가 소를 통해 달성하려는 목적을 돈으로 평가한 금액)'를 기준으로 단독사건(5억 원 이하)과 합의부사건(5억 원 초과)으로 나뉜다.

물어보기 부끄러워 묻지 못한 생활 속 소송상식

단독판사는 스스로 재판장이 되어 단독으로 일을 처리한다. 지방법원·고등법원의 합의부는 재판장과 2인의 합의부원으로 구성된다. 법정에 들어갔을 때 가운데 앉은 판사가 재판장이다. 그 양옆에 앉은 합의부원을 배석판사(우배석, 좌배석)라고 부른다. 재판장이 소송을 지휘하며, 사건을 철저히 검토하고 판결초고를 작성하는 일을 맡은 판사를 '주심법관'이라고 칭한다. 합의부에서 중요 사항 결정은 과반수로 한다.

🏛
당사자

자기 이름으로 소를 제기하거나 제기당하는 사람이 당사자이다. 전자가 '원고'이고, 후자가 '피고'이다. 그런데 원고나 피고라는 명칭은 절차가 진행되면서 바뀌기도 한다. 예를 들어 반소(소송 진행 중 피고가 원고를 상대로 제기하는 맞소송)가 제기되면 반소피고·반소원고라고 불린다. 또 상소(항소 및 상고)를 하는 경우 2심에서는 항소인·피항소인, 3심에서는 상고인·피상고인이 된다.

보통은 돈을 돌려달라고 할 수 있는 등의 권리자가 원고, 의무자가 피고가 된다. 그러나 갚아야 할 돈이 없다고 주장하는 소송(이를 '채무부존재확인소송'이라고 한다)에서처럼 반대로 채무자가 원고, 채권자가 피고가 되는 경우도 있다.

🏛 소송대리인

우리나라는 '변호사 강제주의'를 채택하고 있지 않아 변호사 없이 소송을 진행하는 '나홀로 소송'의 경우가 많다. 그러나 사건이 어렵거나 하는 등의 사정이 있어 당사자가 소송대리인을 선임하려면 변호사만을 선임할 수 있다(소가 1억 원 이하의 단독사건 등 예외가 있다). 변호사가 선임되어 있다면 당사자를 대신해서 법정에 출석하는데 이때 당사자는 출석을 하지 않는 것이 일반적이다.

물어보기 부끄러워 묻지 못한 생활 속 소송상식

형사소송의
경우

형사소송의 주체는 법원, 검사, 피고인이 된다. 법원은 재판을 하는 주체임에 반해 검사와 피고인은 재판을 받는 주체로 당사자라고 한다.

🏛
법원

민사소송에서의 법원과 유사하나, 형사소송에서는 사건의 규모와 난이도에 따라 단독사건과 합의부사건으로 나누어진다. 구체적으로는 법정형이 중한 사건이 보통 복잡하고 피고인이나 사회에 미치는 영향이 상대적으로 크다고 볼 수 있으므로 기본적으로 이를 기준으로 나누고 있다. 즉 사형, 무기 또는 단기 1년 이상의 징역 또는 금고에 해당하는 사건은 원칙적으로 합의부가 제1심으로 심판한다.

🏛
검사

검사는 피고인과 대립하는 당사자로서 피고인과의 공격·방어를 통해 형사소송을 형성하게 된다. 검사는 수사의 주체로 수사권, 수사감독권·수사지휘권, 수사종결권을 가지는데, 검경수사권조정으로 검사의 권한이 일부 축소되었다. 검사는 재판의 집행기관으로 재판집행을 지휘한다. 여기에는 유죄판결의 집행뿐만 아니라 구속영장 등 강제처분의 집행도 포함된다.

 TIP   **검경수사권조정이란**

2021년 1월 1일부터 검찰이 독점하고 있던 수사 등 권한을 경찰과 나누는 방향으로 조정한 것을 말한다. 특히 일반 국민 입장에서 중요한 것 두 가지로, ① 과거 경찰서나 검찰청을 선택해서 고소를 할 수 있었으나 조정 이후 특별한 경우가 아닌 한 경찰서에 고소장을 제출해야 한다는 점, ② 과거 경찰에서 수사한 모든 사건이 검찰로 송치되었으나 조정 이후 경찰이 수사한 결과 혐의가 인정되지 않는다고 판단한 경우 '불송치결정'을 할 수 있게 되어 이에 불복하려면 '이의신청'을 해야 한다는 점이 있다.

검사는 공익의 대표자로서 단순히 피고인과 대립하는 당사자의 입장이 아닌 객관적 제3자의 입장에서 피고인의 정당한 이익을 보호해야 할 의무를 진다. 따라서 검사는 피고인에게 이익이 되는 사실도 주장해야 하고 피고인의 이익을 위해 상소할 수 있고 재심도 청구할 수 있다.

🏛
피고인

피고인은 검사에 의해 공소가 제기된 자를 말하므로 공소제기 전수사기관의 수사대상인 피의자와 구별된다. 피고인은 유죄판결이 확정되면 교도소에 수감되어 형의 집행을 받는 '수형자'가 된다. 피고인에게는 유죄판결이 확정될 때까지 무죄로 추정된다는 무죄추정의 원칙이 적용된다. 또 수사절차나 공판(재판)절차에서 수사기관이나 법원의 신문에 대해 진술을 거부할 수 있는 진술거부권(묵비권)이 인정된다.

🏛
변호인

변호인은 구체적으로 법적 조언, 증거수집과 제출, 변론을 한다. 변호인에게는 피고인·피의자의 권리를 기초로 하여 인정되는 대리권과 변호인의 지위에 근거하여 독자적으로 인정되는 고유권이 있다. 이러한 고유권에는 변호인의 접견교통권과 피의자신문참여권 등이 있다.

접견교통권이란 변호인이 신체구속을 당한 피고인·피의자와 접견하고 서류·물건을 수수하며 의사의 진료를 받게 할 수 있는 권리를 말한다. 피의자신문참여권이란 수사기관인 검사·경찰관이 피의자를 신문할 때 변호인이 참여할 수 있는 권리를 말한다. 이러한 권리에 있어 사선변호인과 국선변호인 사이에 차이는 없다.

한편 변호사에게는 비밀유지의무가 있으므로 의뢰인은 원칙적으로 상담과정에서 비밀누설 등을 걱정할 필요가 없다.

🏛
피해자(고소인)

민사소송의 경우 일반적으로 피해자·가해자가 각각 원고·피고로 당사자가 된다. 그러나 형사소송에서는 검사와 가해자(피고소인)인 피고인이 당사자가 되기 때문에 피해자(고소인)는 당사자가 아니라 제3자이다. 이렇게 피해자와 같이 제3자의 지위에 있는 자는 수사단계에서는 '참고인', 재판단계에서는 '증인'이라고 한다.

4장

소송에
한계는 없을까?

소송을 시작하기에 앞서 먼저 고려해보아야 하는 것이 있다. 바로 소송의
한계에 대한 문제이다. 그 한계로 인해 소송 진행이 어렵거나 소송에서 이
기기 어려울 수 있다. 심지어 소송에서 이기더라도 실제로 원하는 결과로
이어지지 않을 수도 있다. 4장에서는 주로 사실적인 측면에서의 한계에 대
해 살펴본다.

01

소송이
실익이 없는 경우

내가 돌려받아야 할 돈이 소액인 경우 소송은 실익이 없을 수 있다. 소송에서 이겨서 받을 수 있는 돈보다 나가는 비용이 크거나 거의 비슷한 정도라면 소송을 할 이유가 없는 것이다.

여기서 변호사를 선임한 경우와 아닌 경우로 나눠서 생각해보자.

먼저 변호사를 선임하는 경우 변호사비로 몇 백만 원이 들어간다. 여기서 문제는 '소송에서 이기면 변호사비 전부를 패소자에게 부담시킬 수 있다'는 흔한 착각과는 달리 '변호사보수의 소송비용 산입에 관한 규칙(104p 참고)'에 따라 패소자의 부담액은 상한이 정해져 있다.

예를 들어 받아야 할 돈(이런 걸 '소가'라 한다)이 300만 원 이하라면 계약으로 변호사 보수를 100만 원으로 했든, 30만 원으로 했든 패소자 부담액은 변호사보수의 소송비용 산입에 관한 규칙이 정한 상한인 30만 원에 국한된다.

다음으로 변호사를 선임하지 않는 경우 스스로 변호사 이상의 시간과 노력을 기울여 변호사와 비슷한 일을 해내야 한다. 또 이때는 변호사비에 해당하는 자신의 노력을 패소자에게 부담시키지도 못한다. 결국 거칠게 표현하자면 300만 원 이하로 빌려준 돈은 소송으로는 받을 생각을 하지 말아야 하는 수준이다. 소송을 하는 것은 생각보다 고생스러울 수 있기 때문에 소송에 들이는 비용, 시간, 노력 등을 모두 고려한다면 500만 원 이하의 경우도 애매할 수 있다.

그렇기 때문에 이러한 경우 소송을 할 이유가 없고 이는 소송의 한계가 된다.

피고의 주소를
모를 경우

주소를 적어야 상대방에게 송달이 되어 소송이 시작될 수 있다. 이럴 때는 '사실조회신청'을 하여 보통은 해결할 수 있다. 여기서 '보통은'이라고 한 것은 그 상대방이 KT, SKT, LG의 통신 3사를 쓰고 있는 경우에는 해결이 쉽기 때문이다.

사실조회를 하여 상대방의 주소를 알기 위해서는 각 통신사를 지정해서 법원을 통해 알려달라고 요청해야 한다. 따라서 상대방이 수십 개에 달하는 알뜰폰 가입자라면 일일이 모두 확인해보는게 현실적으로 불가능하다. 그렇기 때문에 이러한 경우 소송을 시작하지도 못하게 된다는 점에서 이는 소송의 사실상 한계가 된다. 다만 상대방의 행위가 범죄행위에도 해당된다면 고소하여 수사기관의 수사활동을 통해 상대방의 주소를 알아낼 수 있는 여지는 있다.

증거가
없는 경우

오래 전에 북한에서 넘어온 사람에 대한 주민등록 자료라서 또는 매우 오래되어 증거가 사라져서 증거가 없는 경우, 계약서를 작성하지 않고 구두 계약만 한 경우 등 어떤 경우이든 증거가 없다면 소송에서 이기기 어렵고 피고소인을 처벌받게 하기 어렵다. 다시 말해 '진실=소송'의 결과라는 등식은 성립하지 않는 것이다.

하지만 반드시 직접적인 증거가 있어야만 하는 것은 아니다. 예를 들어 계약서가 없더라도 계약과 관련하여 주고받은 문자나 통화 녹음 등을 통해서 계약사실을 입증할 수 있는 여지는 있다.

04

외국과

관계된 경우

상대방의 인적사항이나 증거가 외국에 있는 회사 등에 있는 경우 이를 확보하기 어려운 경우가 있다.

예를 들어 인스타그램의 경우 미국 캘리포니아 주법을 따르게 된다. 캘리포니아에는 우리나라의 명예훼손죄와 동일한 죄가 존재하지 않고 미국 수정헌법은 표현의 자유를 매우 중시한다. 그렇기 때문에 사실이든 거짓이든 그 표현으로 캘리포니아에서는 처벌받지 않을 수 있다. 따라서 미국 SNS 회사들은 국내 영장을 그대로 인정하기보다는 재량으로 인적사항 제공 여부를 판단한다. 결과적으로 가해자의 인적사항을 확보하기 어려울 수 있다.

미국 법원에 소송을 제기하는 것도 재판관할의 문제 때문에 쉽지는 않다. 또 피의자가 해외로 도피하는 경우 기소중지되어 수사가 중지될 수 있다.

집행상
한계

 설사 소송에서 승소하더라도 채무자인 피고에게 재산이 없거나 채무자가 재산을 빼돌린 경우 제대로 돈을 돌려받기 어렵다. 이를 방지하기 위해 가압류나 가처분 등의 절차가 있지만 이 역시 완전하지는 못하다. 이러한 경우 채권자인 원고가 스스로 채무자의 재산을 찾아야 한다. 그러나 신용정보회사, '재산명시제도'·'재산조회제도'의 어떤 방법으로도 만족할만한 결과를 얻을 수 없다. 물론 채무자의 재산이 없다면 그 어떤 방법도 소용이 없는 건 당연하다.

 피의자가 사망할 경우 처벌받지 않고 '공소권 없음'으로 종결되는 것도 당연하지만 피해자의 억울함을 풀어줄 수는 없다(손해배상 책임을 묻기 위한 민사소송은 가능하지만 상속인들이 상속포기를 하면 역시 방법이 없다).

PART

2

난 소송을
해야 할까?

1장

소송전으로 가기 전
해결방법

전 세계에서는 크고 작은 전쟁이 지금 이시간에도 벌어지고 있다. 그러나 그 이상으로 전쟁에 이르기 전에 해결책을 찾는 경우가 많으리라 생각된다. 전쟁의 폐해를 생각하면 이는 당연한 것이라 할 것이다. 마찬가지로 여러 크고 작은 다툼과 갈등 상황은 소송에 들어가기 전에 해결되는 경우가 더 많을 것이다. 또 시간이나 노력, 비용 측면에서도 소송에 들어가기 전에 해결하는 것이 유리할 수 있다. 여기서는 소송으로 가기 전의 해결 방법을 살펴본다.

01

소송 전 최후통첩?
내용증명!

내용증명 우편을 받으면 뭔가 큰일이라도 난 것처럼 당장 무엇을 해야 한다고 생각한다. 사실 대부분의 사람들은 살면서 법원의 문을 두드릴 일은 물론 법원 근처에 갈 일도 없다고 생각한다. 그러니 내용증명이 뭔가 대단한 것처럼 느껴질 수도 있다. 물론 이렇게 얘기하는 이유는 내용증명이 그렇게 대단한 건 아니기 때문이다. 그러나 내용증명은 나름의 가치는 있다. 그 가치가 무엇인지를 포함해 내용증명에 대해 제대로 알아보자.

🏛
내용증명의 실체

내용증명 우편이란 발송인이 누구에게 어떤 내용의 문서를 언제 발송했다는 사실을 공적으로 증명해주는 특수우편제도이다.

그런데 사실 내용증명이라는 뭔가 있어 보이는 명칭에 겁먹을 필요는 전혀 없다. 내용증명 우편은 단지 '언제 어떤 서류를 누구에게 보냈다'라는 사실만을 확인해주는 것이기 때문이다. 즉 내용증명 우편에 강제력이 있거나 그 자체로 특별한 효력이 있는 서류는 아니다.

다만 소멸시효(일정 기간 동안 행사되지 않은 권리를 소멸시키는 제도)를 중단시킨다거나 임대차의 계약 해지 통지 등에는 특별한 힘이 부여될 수 있다. 그러나 이런 경우도 내용증명 우편의 자체의 효력이 아니라 민법이나 주택임대차보호법에 의해 발생되는 효력이라고 보아야 할 것이다. 따라서 내용증명 자체가 뭔가 대단한 것은 아니다.

🏛
내용증명의 가치

물론 내용증명을 통해 나의 의사를 상대방에게 정확히 전달하고 이후 확인받을 수 있다는 점 등 장점은 분명하다. 그렇지만 실제에 있어 내용증명 대신에 카카오톡이나 이메일로 동일한 내용을 보내더라도 유사한 효과를 거둘 수 있다. 발신인이나 수신인, 내용, 발송일이 명확하기 때문이다.

그럼에도 불구하고 내용증명으로 보내는 이유는 뭘까?

뭔가 있어 보이게 하여 내용증명에 대해 잘 모르는 사람이 내용

물어보기 부끄러워 묻지 못한 생활 속 소송상식

증명을 받으면 큰일이 났다고 생각하게 만들기 위해서가 아닐까? 즉 내용증명은 소송이라는 시간, 비용, 노력이 많이 드는 절차에 나아가기 전에 분쟁을 조속히 해결하기 위한 심리적 압박수단이 되는 것이다.

단지 카카오톡이나 이메일로는 같은 내용을 보내더라도 '그냥 하는 말'로 들릴 수 있는 한계가 있다. 하지만 내용증명의 경우 '나는 진지하고 분명히 소송으로 나아갈 것'이라는 진심을 상대에게 전하는 수단이 된다. 즉 내용증명은 최후통첩의 수단으로 기능할 수 있다. 싸우지 않고 승리를 거머쥘 수 있게 해주는 최고의 수단이 내용증명인 것이다.

내용증명의 한계도 명확하다. 이미 내용증명을 보낼 단계에 이른 정도라면 상대방은 계속 다툴 생각인 경우가 대부분일 것이다. 또 요즘은 인터넷만 조금 뒤져보아도 내용증명에 특별한 효력이 없다는 점을 쉽게 알 수 있다. 그렇기 때문에 내용증명만으로는 상대방이 이에 응하지 않을 가능성이 크다는 점에서 그러하다.

한편 실제 소송으로 나아갈 경우 내용증명이 유용한 증거가 될 수 있는 여지는 있다.

 TIP　　　　　　　　　　**내용증명에 답을 해야 할까?**

내용증명에 특별한 효력이 없기 때문에 내용증명을 받는 사람 입장에서도 반드시 이에 답변할 필요가 없고 무시해도 된다. 그러나 나중에 소송에서 불리하게 작용할 여지가 있기 때문에 어떤 식으로든 답을 분명히 하는 것이 좋다.

내용증명 작성법

인터넷 사이트나 법률사무소 등을 통해 내용증명을 작성할 수도 있으나 돈이 든다. 내용증명에 특별한 형식이 있는 것도 아니니 직접 작성하는 것도 좋다.

내용증명의 내용

정해진 형식은 없으나 보통 다음과 같은 내용으로 작성하면 된다.

A4 용지에 ① 발신인 및 주소, ② 수신인 및 주소, ③ 제목, ④ (육하원칙에 따라 간결하게)사실관계 및 상대방이 이행해야 할 의무 내용 등 요구사항을 포함한 본문 내용, ⑤ 응하지 않을 경우 불이익 내용 고지, ⑥ 응할 경우 어떤 의무를 언제까지 이행하거나 연락을 달라는 내용, ⑦ 연락처, ⑧ 금전과 관련된 경우 계좌번호 등, ⑨ 보낸 날짜, ⑩ 보내는 사람의 이름 및 그 옆에 날인 등을 포함하여 작성한다. 문서가 두 장 이상이면 앞장과 뒷장 사이에 간인을 한다.

이때 본문 내용에는 가급적 사실관계와 자신의 주장만 정확하게 표현한다. 상대방의 감정을 건드릴만한 기분 나쁜 표현이나 위협적인 표현은 삼가는 것이 좋다. 그렇게 하지 않으면 소송으로 나아가지 않고 소송 전에 일을 해결하고자 하는 내용증명의 최우선 목표를 달성할 수 없을 것이기 때문이다. 상대방의 의무이행 기한은 의무이행이 가능하도록 그 의무이행의 내용에 따라 넉넉히 제시하는 것이 좋다. 보통 2주 전후가 적당하다.

내용증명의 발송

작성을 완료한 후에는 똑같은 서류를 총 3부(본인 보관용, 상대방 발송용, 우체국 보관용)를 들고 우체국에 방문하면 된다. 요즘은 인터넷우체국(epost.go.kr)에 회원 가입하여 편하게 내용증명 우편을 보낼 수도 있다.

내 용 증 명

발신인 : ○○○

　　　　서울 서초구 ○○○

　　　　전화 010-○○○-○○○, 팩스 02-○○○-○○○

수신인 : ○○○

　　　　인천 계양구 ○○○

제목 : 대여금 변제 최고

---

1. 귀하의 무궁한 발전을 기원합니다.
2. 발신인은 다음과 같이 통보하오니 업무에 참고하시기 바랍니다.

다음

1. 귀하는 20○○. ○. ○. ○○:○○경 본인을 만나 "어머니가 아프셔서 그 수술비로 금 ○○○원을 대여해주면, 이자는 연 20%로 20○

○. ○. ○.까지는 틀림없이 변제해준다"고 하여 당일 본인은 귀하에게 위 금원을 대여해 주었습니다.

2. 본인은 변제기한인 20○○. ○. ○. 경과 후 귀하에게 수차례 대여금의 반환을 요구하였으나 귀하는 현재까지 이런저런 이유로 대여금의 반환을 미루고 있습니다.

3. 이에 귀하에게 대여 원리금 금 ○○○원을 20○○. ○. ○.까지 반환하여 줄 것을 최고하며, 만약 귀하께서 이행치 아니할시 부득이 법적인 조치를 취할 수밖에 없음을 통지하니 양지하시기 바랍니다.

4. 만약 귀하가 이에 응할 의사가 있는 경우 본인에게 위 연락처로 연락을 취하여 주시기 바랍니다.

20○○. ○. ○.

위 발신인 ○○○

간편한 소송?
지급명령

돈을 못 받고 있는데 지나치게 소액이라면 소송으로 가기엔 부담스러울 수 있다. 특히 증거가 확실하여 상대방이 반박하지 못할 상황임이 명백한 경우 당연히 받을 돈을 받는 것인데도 소송까지 해야 하나라는 생각이 들 수 있다. 이럴 때 생각해볼 수 있는 제도가 바로 소송보다 간편한 절차로 진행되는 지급명령 제도이다.

🏛
지급명령 신청을 하는 경우 고려사항

독촉절차라고도 하는 지급명령은 소송보다 간편한 방법으로 돈을 받을 수 있는 수단이지만 그 한계도 명확하다. 따라서 이러한 점을 분명히 알고 지급명령 신청을 할 것인지, 바로 민사소송으로 갈 것인지를 결정하자.

지급명령의 장점

지급명령 제도는 당사자 출석 없이 채권자가 제출한 신청서와 증거만 보고 결정문을 내려주는 제도이다.

소송보다 간단하고 편리한 방법이라는 장점이 있다. 또 이렇게 간편하게 진행됨에도 그 효과에 있어서는 소송의 경우와 유사하다는 점에서 유용한 제도이다. 즉 지급명령에 대한 법원의 결정은 단순히 말로 독촉하는 것보다 훨씬 채무자에게 심리적 압박을 줄 수 있다는 점에서 좋은 제도이다. 지급명령의 경우 정식 소송절차의 경우에 비해 인지대가 1/10만 들어가게 되어 비용적인 측면에서도 유리하다.

지급명령의 한계

지급명령은 돈(+그 대체물, 유가증권)을 받으려고 하는 경우에만 가능하다는 한계가 있다. 예를 들어 차용증이나 이메일, 카카오톡 등 SNS 등에 증거가 있는 대여금 사건, 물품대금청구사건, 임대보증금 청구사건 등에서만 활용이 가능하다.

지급명령은 국내송달이 되는 것을 전제로 가능하다. 즉, 국외송달을 해주지 않기 때문에 채무자가 국내에 있는 경우에만 가능하다. 공시송달(송달주소를 알 수 없는 경우 송달서류를 게시해 놓고 일정기간이 지나면 송달된 것으로 간주하는 제도) 처리 역시 안 되므로 이러한 점도 한

물어보기 부끄러워 묻지 못한 생활 속 소송상식

계이다. 지급명령에서는 '사실조회'가 허용되지 않는다는 한계도 있다. 그렇기 때문에 상대방의 인적사항을 모를 경우에는 지급명령으로 진행하기는 어렵고 일반 민사소송으로 가야 한다.

지급명령의 경우 보통은 상대방이 다투지 않을 것으로 예상되는 경우에 하는 것이 좋다. 상대방이 이의신청을 해버리면 법원이 사건을 소송절차로 이행시키기 때문이다. 이러한 경우에는 시간만 지연되고 절차만 더 번거로워지게 된다.

🏛
지급명령을 받은 경우 대처법

먼저 이의신청을 할지 말지를 결정해야 한다. 지급명령이 부당하다면 물론 이의신청을 해야 한다. 그러나 다툴게 별로 없고 지급명령의 내용을 인정한다면 이의신청을 하지 않고 가만히 있는 것도 방법이다. 만약 이의신청하여 소송으로 나아갔을 경우에 최종 패소한다면 인지대, 변호사 보수, 지연이자 등이 발생가능하기 때문이다. 가만히 있으면 지급명령이 확정이 될 것이어서 더 할 것은 없다.

이의신청이 없는 경우
채무자가 지급명령을 송달받고 2주 안에 이의신청을 하지 않으면 지급명령은 그대로 확정되어 확정판결과 같은 효력이 있다.

이후 채권자는 확정된 지급명령(지급명령결정문)으로 채무자의 재산에 강제집행이 가능하다. 잘 몰라서 혹은 생업에 바쁘다 보면 채무자가 2주의 기간을 놓치는 경우도 많기 때문에 특히 채권자에게 유용한 제도이다.

 TIP | **기간을 놓친 채무자의 대처 방법**

지급명령이 확정되면 더 이상 이의신청은 불가하다. 그러나 이 경우 청구이의의 소를 제기하여 다툴 수는 있다. 이때는 당장의 강제집행을 막기 위해 강제집행정지신청도 추가로 해야 한다.

이의신청이 있는 경우

지급명령을 받은 날부터 2주 이내에 이의신청을 해야 한다. 다만 말일이 공휴일이면 다음날까지 가능하다. 이 기간은 법원에 이의신청서가 도달해야 하는 기간을 의미하므로 만약 우편으로 보낸 경우 주의가 필요하다. 이러한 경우 여유있게 미리 제출해야 한다.

기재된 금액이 처음부터 잘못되어 있다거나 일부 갚았기 때문에 전체 금액을 모두 갚을 필요가 없다거나 돈을 갚아야 하는 이유가 부당하다는 등 어떠한 사유로도 이의신청이 가능하다.

심지어 단순히 시간끌기용으로도 가능한데, 만약 소송으로 전환된다면 판결 받기까지 상당한 시간을 확보하는 것이 가능하기 때문이다. 개인회생·파산을 준비하고 있는 경우 특히 필요할 수 있다. 하지만 지연이자 등 비용이 증가할 수 있으므로 신중한 판단이 요구된다.

한편 조정(민사 조정절차)을 희망하는 경우에도 이의신청이 가능하다. 이때에는 이의신청서를 제출한 후 답변서 제출시 이러한 취지를 적어서 제출하면 된다.

이의신청이 있으면 지급명령이 확정되지 않고 자동으로 소송(정식 재판절차)으로 전환되어 채무자는 채권자와 다툴 수 있는 기회를 얻게 된다. 채권자는 지급명령 신청을 하며 이미 낸 1/10을 제외한 나머지 9/10의 인지대를 내야 한다. 즉 이후 채권자는 원고가, 채무자는 피고가 되는데 원고에게 인지대를 추가 납부하라는 보정명령이 나온다. 원고가 이를 추가 납부하면 보통의 민사소송 절차가 진행된다.

 TIP _____ **이의신청서 제출 후 절차**

이의신청을 한 것은 큰 불을 끈 것일 뿐이므로 이후 제대로 된 싸움을 준비해야 한다. 그 시작으로 이의신청서 제출과 별도로 지급명령 정본을 송달받은 날로부터 30일 이내에 답변서를 제출해야 한다. 이 30일은 반드시 지켜야 하는 기간은 아니고 어느 정도 천천히 내도 된다.

이후 채권자에게 이의신청서가 제출되었다는 이의신청통지서가 가고 채권자의 선택에 따라 지급명령 절차는 소송이나 조정으로 전환된다.

03

좋은 게 좋은 것?

① 합의

화해에는 재판외 화해와 재판상 화해가 있고 재판상 화해는 다시 제소전 화해와 소송상 화해가 있다. 그런데 특히 이 중 재판외에서 이루어지는 화해를 우리는 일반적으로 '합의'라고 부른다. 여기서는 이 합의에 대해서만 살펴본다.

합의는 재판외에서 당사자가 서로 양보하여 분쟁을 끝내기로 하는 약정을 하는 것이다. 경우에 따라서는 이렇게 합의로 끝내는 것이 좋을 수 있다. 민사소송에서는 승소가능성이 애매한 경우나 소송에 들어가는 비용, 시간, 노력이 아까운 경우 등이 그렇다. 형사사건의 경우 가해자의 처벌보다도 빨리 피해를 금전으로라도 배상받고 싶다거나 사과를 받고 싶은 경우도 있을 것이다.

그런데 막상 합의서를 작성하려고 하면 막연하게 어렵다고 느껴질 수 있다. 그러면 합의서에 대해 알아보자.

민사합의서의 경우

합의서를 작성하는 것 역시 일반적인 계약서를 쓰는 것과 차이가 없기 때문에 정해진 내용이나 형식이 없다. 다만 실제로는 필수적으로 들어가야 하는 사항이 있다.

사건명이나 사건 번호

무슨 사건에 대한 합의인지 분명하게 드러내 보여야 한다.

당사자

원고·피고, 갑·을 등 당사자의 이름, 주민등록번호, 주소 등을 기재한다.

합의내용

· 주된 합의내용

합의내용은 사건에 따라 다양하다. 일반적으로는 돈을 ① 얼마나, ② 어떤 방식으로, ③ 언제까지 지급한다는 문구가 가장 기본이 된다. 또 '민·형사상 책임을 묻지 않는다'는 취지의 문구도 필수라고 보아야 한다. 한편 합의내용은 원칙적으로 자유롭게 작성할 수 있지만 그 내용이 지나치면 선량한 풍속 기타 사회질서에 위반되어 무효가 될 수 있다.

합의서를 작성한다면 원만하게 합의하는 것이 목적이기 때문에, 단순히 돈만 받는게 목적이라면 상대를 자극하는 문구를 굳이 넣을 필요는 없다. 예를 들어 '누구에게 잘못이 있어서 금 ○○원을 지급한다'가 아니라 '무슨 사고와 관련하여 금 ○○원을 지급한다'는 식으로 작성하는 것이 좋다.

·부가적인 합의내용 예시

필요에 따라 다음과 같은 내용들을 추가하면 된다. ① 이미 소송을 제기한 경우 소송을 취하한다는 내용, ② 같은 사건으로 어떠한 방식으로든 다시 서로에게 연락하지 않고, 이 사건에 대해 SNS 등 어떠한 방식으로든 정보제공을 하지 않는다는 내용(발설 금지), ③ 합의 위반시 합의 파기 및 합의금 반환 문구, 추가적으로 합의금 반환 이외에 10배 배상 등 손해배상액의 예정이나 위약벌 문구, ④ 구체적인 지급방식, 즉 언제까지 어느 계좌로 입금한다는 내용, 분할지급 조건 등, ⑤ 상대방이 회사나 여러 명이 관련된 경우 각 그 직원이나 다른 사람들을 상대로도 문제를 제기하지 않는다는 내용, ⑥ 합의조건을 이행하지 않는 경우 소송은 어느 법원에서 하느냐는 문구(합의관할)

첨부서류, 날짜, 당사자 이름 및 날인·서명 등

신분증사본·인감증명서 등을 첨부하면 좋고(필수는 아님), 만약 변호사 등 대리인이 작성할 경우 위임장 등을 첨부하고 첨부서류명을 적는다. 합의일을 정확히 기재한다. 본인이 작성했다는 것을 확인할 수 있도록 이름 옆에 도장을 찍거나 서명 등을 한다.

기타

합의서는 2부를 작성하여 각자 하나씩 나눠가지며 간인을 하는 것이 좋다. 합의서는 나중에 이행되지 않거나 다른 문제가 생길 수 있으므로 그 자리에서 돈을 지급받음과 동시에 작성하는 것이 좋다. 필수는 아니지만 더 확실하게 하고 싶다면 공증을 받으면 된다. 이미 소송이 진행중인 경우 재판부에 소취하서를 제출하면 된다.

 TIP   **원고가 소취하를 하지 않는다면**

이미 소송이 진행중인 상황에서 만약 원고가 합의서대로 소취하를 하지 않을 경우 피고는 합의서를 재판부에 제출하면 된다. 그러면 소는 '권리보호의 이익'이 없게 되어 각하(검토받을 자격도 갖추지 못하여 검토도 하지 않고 돌려보내는 것) 된다.

합의서

사건번호 수원지방법원 안산지원 20○○가소○○○○○ 약정금

　　　　　 수원지방법원 20○○나○○○○○ 약정금

원　고　○○○
피　고　○○○

위 사건에 관하여 원고와 피고는 다음과 같이 합의 합니다.

다음

1. 원고는 피고로부터 총 금 1,000,000원(일백만원)을 지급받음과 동시에 위 사건을 소취하하며, 원·피고 공히 기타 다른 어떠한 민·형사상 책임을 물을 수 없다. 단, 금 1,000,000원이 입금이 되지 않으면 무효로 한다.
2. 입금은 ○○은행 ○○○-○○○-○○○○○○ 예금주 ○○○ 계좌로 한다.

20○○. ○. ○.

원고 ○○○ (인)
연락처

피고 ○○○ (인)
연락처

수원지방법원 제○민사부(나) 귀중

⛪ 형사합의서의 경우

민사합의서와 대동소이하다. 다만 합의내용에서 차이가 있으므로 이에 대해 살펴본다.

합의내용

아래의 문구는 각 사건의 성격에 따라 다른 의미를 가진다. 특히 사건화가 되는 것 자체를 막기 위한 합의서의 경우 민사합의서와 유사한 형태가 될 것이다. 합의내용 이외에 아래의 문구 중에 '민·형사상 일체의 이의를 제기하지 않는다'는 내용 정도만 기재되면 된다.

· 돈 얼마를 지급했다

돈을 얼마를 지급하여 피해에 대해 전부 또는 일부를 배상했다는 문구를 기재한다.

· 고소(고발)를 취하한다(취하했다)

친고죄(고소가 있어야 하는 범죄로 모욕죄, 비밀침해죄 등이 있다)에 있어 특히 유효하다.

· 처벌을 원하지 않는다

반의사불벌죄(반대의사가 없어야 하는 범죄로 폭행죄, 명예훼손죄 등이 있다)에 있어 특히 유효하다.

· 민·형사상 일체의 이의를 제기하지 않는다

민사의 경우와 동일하다. 특히 형사사건의 결과에 따라 민사로 추가적으로 손해배상을 청구할 수 있으므로 이러한 문구를 기재해야 한다. 물론 민사 책임은 별개로 한다고 할 수도 있다.

· 선처를 바란다

탄원하는 의사표시를 한다.

· 기타

이미 사건화가 된 경우 합의서 원본을 수사기관·법원에 제출해야 한다.

합의서

사   건   20○○고단(고합, 고정, 노, 고약)   호
피 해 자   성명   주민등록번호
              주소
              전화번호

피 고 인   성명

위 사건에 관하여 피해자는 위 피고인에 대하여 추후 민·형사상 책임
을 묻지 않기로 피고인과 원만히 합의하였습니다.
피해자는 피고인의 처벌을 원하지 않습니다.

                    20○○.   ○.   ○.

                                    피해자   (인)

○○지방법원 형사 제○○(단독, 합의, 항소부) 귀중

합의시에 알면 좋은 꿀팁

- 일반적으로는 합의를 위해 먼저 사과를 할 필요가 있다. 사실 피해자의 연락처를 받는 것 자체도 어렵고 합의는 더욱 어렵다고 할 것이기 때문이다.

- 예를 들어 폭행죄는 반의사불벌죄(반대의사가 없어야 하는 범죄)라서 합의가 되면 처벌이 되지 않지만 상해죄는 반의사불벌죄가 아니라서 합의가 되어도 처벌이 가능하다. 수사초기 단계에서 폭행인지 상해인지 애매한 경우가 있을 수 있다. 이러한 경우 빨리 합의를 하면 수사관이 폭행으로 보아 처벌이 안 되는 쪽으로 갈 수 있다. 따라서 적극적으로 합의를 위해 노력해야 한다. 다만 지나친 연락은 오히려 역효과가 날 수 있으므로 주의가 필요하다.

- 당연히 합의금을 누가 먼저 제시하는가 또는 그 액수는 정해진 것이 없다. 피해자의 피해정도와 가해자의 지불능력 등 모든 사정을 고려하여 금액을 정하면 된다.

- 합의의 가능성을 높이려면 수사 초기 단계에서 변호사의 도움을 받는 것도 좋다.

- 합의서 제출로 사건이 바로 끝나지 않는 중대 사건의 경우 피해자가 합의의사를 철회하거나 적극적으로 처벌을 원한다는 탄원서를 제출할 수도 있다. 그러므로 사건이 끝날 때까지 피해자와의 관계를 원만히 유지해 놓아야 한다.

04

좋은 게 좋은 것?

----

② 조정

🏛
민사조정

민사조정절차는 조정담당판사 등이 당사자의 말을 듣고 조정안을 제시하고 서로 양보·타협하여 합의에 이르도록 하는 제도이다. 특히 조정은 소송상 화해와 비슷하다.

법정과는 달리 좀 더 소규모의 공간인 조정실에서 진행된다. 마치 협상 테이블에 앉듯 각 당사자들과 그 대리인이 마주보고 앉고 이들을 옆에서 바라볼 수 있는 위치에 조정위원 등이 앉는다. 소송과 달리 엄격하게 진행되지 않고 자유로운 분위기에서 자신의 의견을 말할 수 있다. 소송에 비해 인지대가 1/10로 저렴하다는 점이 장점이다. 또 비교적 빠른 시일 내에 조정기일이 정해지고 보통 한 번의 출석으로 종료되는 등 소송에 비해 신속하게 진행된다.

조정은 신청에 의한 조정과 법원이 소송이 계속중인 사건을 조정에 회부하는 조정으로 나누어진다.

조정 결과 사건의 성질상 조정이 적당하지 않다거나 당사자가 부당한 목적으로 조정신청을 한 것인 경우 '조정을 하지 아니하는 결정'으로 사건을 종결시킬 수 있다. 이 결정에 대해서는 불복할 수 없다.

당사자 사이에 합의가 성립되지 않는 경우 '조정 불성립'으로 조서에 기재하고 사건을 종결한다. 다만 이때 조정담당 판사가 직권으로 '조정을 갈음하는 결정(=강제조정)'을 할 수 있다. '조정을 갈음하는 결정'에 대해서는 그 조서정본을 송달받은 날부터 2주일 이내에 이의신청을 할 수 있다. 적법한 이의신청이 있으면 소송으로 이행된다. 만약 이의신청이 없다면 조정을 갈음하는 결정이 확정되고 확정판결과 동일한 효력을 가지게 된다.

당사자 사이에 합의가 성립된 경우 합의 사항을 조서에 기재하면 확정판결과 동일한 효력을 가지게 된다.

결국 조정으로 어느 정도 양보하고 끝낼 것인가 아니면 패소할 위험을 무릅쓰고 판결로 끝까지 승부를 볼 것인가의 선택이 중요하다.

🏛 형사조정

형사조정절차는 민사 분쟁 성격의 형사사건에 대하여, 전문가들로 구성되어 검찰청에 설치된 '형사조정위원회'의 조정에 의해, 가해자와 피해자가 화해에 이를 수 있도록 하고 피해자가 입은 피해가 실질적으로 회복될 수 있도록 하는 제도이다. 따라서 그 대상은 주로 재산범죄 등 돈거래로 인하여 발생한 분쟁이 된다. 결국 이 제도를 잘 활용하면 별도로 민사소송을 제기하여 손해배상을 받아야 하는 수고를 덜 수 있다.

형사조정은 수사절차에서 행해진다. 당사자의 신청 또는 직권으로 조정에 회부될 수 있다. 조정은 가해자의 사과, 손해배상에 대해 일정 부분 양보 후 합의, 가해자의 조정금원 지급으로 이뤄진다.

조정이 성립되면 담당 검사는 이를 정상참작사유로 고려하여 처분을 한다. 그러나 합의된 모든 사건에 대하여 불기소처분을 하는 것은 아니다. 합의하였더라도 범죄혐의가 인정되고 사안이 중대한 경우 기소를 할 수 있다. 다만 기소를 하는 경우 합의 사실을 고려하여 보다 가벼운 처벌을 받게 된다. 합의가 되지 않아 형사조정위원회에서 불성립될 경우 검사는 다시 사건을 받아 통상 절차대로 진행한다.

돈을 안 받으려고 한다면? 공탁

공탁에는 여러 종류가 있지만 가장 많이 이용되는 '변제공탁'을 기준으로 살펴보고 최근에 바뀐 형사공탁의 특례도 알아보기로 한다.

공탁

돈 등을 빌린 사람(채무자)이 갚으려고 하는데 빌려준 사람(채권자)이 받기를 거부하거나 행방불명 등으로 받지 못할 상황인 경우가 발생할 수 있다. 이때 채무자가 책임에서 벗어나기 위해 국가기관인 공탁소에 돈 또는 물품을 맡김으로써 채무를 면제하는데 사용되는 제도가 공탁이다.

형사공탁의 특례

2022년 12월 9일부로 개정 공탁법 제5조의2가 시행되었는데, 그 주요한 내용은 형사사건 피해자의 동의 없이도 형사공탁을 할 수 있도록 하는 것이다.

기존 공탁법 하에서는 형사공탁을 하기 위해 피해자의 인적사항 확인이 필요하여 결과적으로 피해자의 동의 없이 공탁을 하기가 어려웠다. 그러나 개정된 공탁법 하에서는 피해자의 인적사항 대신 재판이 계속 중인 법원과 사건번호 등을 기재하는 방법으로 공탁을 할 수 있도록 하였다. 이러한 피해자의 동의 없는 형사공탁을 피해자와 합의한 것과 동일하게 평가할 수는 없을 것이나 형벌의 정도를 정하는데 고려는 될 수 있다.

2장
—

돈이 없어도
소송할 구멍은 있다

사기 피해를 당해서 억울하고 돈이 없는 상황에서 당연히 돌려받아야 할 돈을 받기 위해서 다시 돈을 써서 소송을 해야 한다고 하면 절망스러울 수 있다. 성범죄 등의 피해자인데도 어떤 보호가 제공되지 않는다고 생각할 수 있다. 역시 무전유죄(돈 없는 사람은 죄가 있다)인 세상이다라고 억울하다고 생각하는 경우도 있을 것이다. 그러나 완벽하지는 않더라도 이렇게 여건이 되지 않아 자신의 권리를 제대로 주장하지 못하는 경우를 위한 여러 제도가 있다.

몰라서 이 제도들을 활용하지 못하는 경우가 없도록 관련 제도를 살펴보자.

01

일종의 시식코너!
법원 무료 법률상담 및
형사당직변호사제도

🏛
법원 무료 법률상담

각 지방변호사회는 무료 법률 상담을 지원하고 있다. 이러한 무료 상담은 예를 들어 서울은 법원종합청사, 한국시각장애인연합회 서울지부, 서울농아인협회, 푸른나무재단, 서부법원, 동부법원에서 이뤄지고 있다. 각각의 장소에 따라 오전에만 운영하거나, 오후에만 운영하거나, 오전·오후 모두 운영하는 등 차이가 있으므로 미리 알아보고 가는 게 좋다.

물론 무료상담이기 때문에 상담에 너무 많은 걸 기대하진 말자. 이를 통해 사건 자체를 해결하기는 어렵다. 시간제한이 있기 때문이다. 상담을 해주는 변호사가 사전에 완벽한 검토를 마친 후에 하는 답변이 아니기 때문에 미흡한 측면이 있을 수도 있다. 길잡이 역할 정도를 해줄 수 있다.

주의할 점은 앞서 말했듯 제도의 특성상 사전에 준비할 시간이 없었던 변호사의 답변이 틀릴 수도 있다는 점이다. 따라서 온라인에서 무료상담을 해주는 사이트들의 변호사들 의견도 들어보는 등 크로스체크할 필요가 있다.

🏛 형사당직변호사제도

형사당직변호사제도는 인권침해 방지와 경제적 어려움으로 변호인의 도움을 받지 못하는 사람들을 위해 특히 체포·구금된 피의자를 대상으로 실시하고 있는 형사 무료법률 상담제도이다. 형사당직변호사가 기소 전 단계의 형사피의자와 접견하여 절차 및 이후의 대응방안 등에 관해 법적 조언을 제공한다.

예를 들어 서울지방변호사회에 지원을 한 변호사들은 정해진 날짜와 시간에 경찰서 유치장을 방문하여 접견 희망 피의자 및 피의자를 면회 온 민원인이나 경찰관 등을 대상으로 법률상담을 한다. 상담시간의 제약이 있고 변호사가 사전에 검토할 시간이 없다는 점에서 미흡한 측면이 있을 수 있으나 피의자들의 불안을 해소하는 데에는 분명 도움이 될 수 있다.

무조건 변호사가
있어야 하기 때문에...
국선변호인 제도

🏛
국선변호인 선정 제도

피고인 등이 직접 선임한 변호사를 사선변호인이라 한다. 그런데 경제적 어려움 등으로 사선변호인을 선임하기 어려운 피고인 등이 있다. 이들을 위하여 법원이 국가의 비용으로 변호인을 선정해주는 제도가 바로 국선변호인 선정 제도이다.

피고인이 구속되거나 미성년 또는 70세 이상인 때 등의 경우에는 법원에서 직권으로 국선변호인을 선정한다. 따라서 이러한 경우 법원이 알아서 선정을 해주기 때문에 피고인 등은 법원이 실수로 선정을 안 해주는 등으로 극히 예외적인 경우를 제외하고는 신경쓸 게 없다. 따라서 이 경우는 문제될 것이 거의 없다.

그렇기 때문에 여기서는 모르면 국선변호인이 선정되지 않는 경우를 더 자세히 살펴보자. 이른바 '청구국선'의 경우이다. 이름에서 알 수 있듯 국선변호인이 선정되려면 피고인의 청구가 먼저 있어야 하기 때문에 이를 알아둘 필요가 있다. 법에서는 "법원은 피고인이 빈곤이나 그 밖의 사유로 변호인을 선임할 수 없는 경우에 피고인이 청구하면 변호인을 선정하여야 한다."고 하고 있다. 여기서 '빈곤 그 밖의 사유'가 중요한데 이는 다음의 Tip을 참고하자.

 원칙적으로 '빈곤 그 밖의 사유'에 해당하는 경우

1. 월평균수입이 270만 원 미만인 경우
2. 「국민기초생활 보장법」에 따른 수급자인 경우
3. 「한부모가족지원법」에 따른 지원대상자인 경우
4. 「기초연금법」에 따른 기초연금 수급자인 경우
5. 「장애인연금법」에 따른 수급자인 경우
6. 「북한이탈주민의 보호 및 정착지원에 관한 법률」에 따른 보호대상자인 경우
7. 피고인의 가정 형편 기타 제반 사정에 비추어 사선변호인을 선임하기 어렵다고 인정되는 경우

국선변호인 선정 청구

국선변호인 선정 청구는 다음과 같이 할 수 있다. 피고인은 공소장

부본의 송달과 함께 국선변호인 선정에 관한 고지서도 받을 수 있다. 그 뒷면에 있는 '국선변호인선정 청구서'를 작성하여 신속하게 (늦어도 고지서를 받은 때부터 7일 안에, 상소심의 경우 늦어도 '소송기록접수통지서'를 받은 날부터 20일 안에) 법원에 제출하면 된다. 피고인 이외의 청구권자, 즉 피고인의 법정대리인, 배우자, 직계친족과 형제자매 역시 독립하여 청구할 수 있다.

 TIP   **피해자 국선변호사 제도**

성폭력·아동학대·장애인학대·인신매매 등 범죄 피해자 및 성매매 피해아동·청소년에게 국가가 무료로 국선변호사를 지원하는 제도이다. 범죄 피해자 또는 그 법정대리인은 경찰서·검찰청 등 수사기관, 성폭력 피해상담소 또는 아동보호전문기관 등에 피해사실 신고와 함께 구두 또는 서면으로 피해자 국선변호사 지원을 요청할 수 있다.

물어보기 부끄러워 묻지 못한 생활 속 소송상식

03

국가가 돈을 대신 내준다?

소송구조 제도

소송구조 제도는 소제기 및 소송 수행에 필요한 비용을 감당하기 어려운 경제적 약자를 위한 제도이다. 여기서 소송비용에는 인지대·송달료 등 비용과 변호사비용 등 필요한 비용을 모두 포함한다. 형사사건에 국선변호인 제도가 있다면, 민사·행정·가사소송에는 소송구조 제도가 있다. 다시 말해 소송구조 변호사는 민사·행정·가사소송의 국선변호인인 셈이다. '구조'이므로 법률구조공단에서 하는 것이라 착각하기 쉬우나 소송구조 제도는 법원에서 운영한다.

법원은 소송비용을 지출할 자금능력이 부족한 사람의 신청에 따라 또는 직권으로 소송구조를 할 수 있다. 다만 패소할 것이 분명하지 않아야 한다. 소송구조는 소송을 제기하려는 사람과 소송계속 중의 당사자가 신청할 수 있다. 소 제기 전에는 소를 제기하려는 법원, 소 제기 후에는 소송기록을 보관하고 있는 법원(자신이 재판받고 있는 법원)에 신청하여야 한다.

소송구조결정을 받으면 재판에 필요한 일정한 비용이 납입 유예 또는 면제되어 그 비용을 내지 않고 재판을 받을 수 있다. 구조되는 범위는 송달받은 소송구조결정서를 통해 알 수 있다.

이후 별도로 변호사로부터 연락이 오는 것이 아니라 스스로 자신의 사건을 맡을 변호사를 찾아야 한다. 안내문에 있는 명부나 지방변호사회에 연락하여 받은 명부를 통해 또는 인터넷을 통해 찾는 등의 방법이 있다. 이 과정은 일반적인 변호사를 선임하는 과정과 유사하다.

물론 소송구조 제도가 만능은 아니다. 소송구조 사건은 대부분 고난도 사건인 경우가 많지만 그에 따른 변호사 보수는 지나치게 비현실적인 금액으로 책정된다. 결국 이는 소송구조 사건을 맡겠다는 변호사를 찾기 어렵게 한다. 또 변호사를 어렵게 구했다 하더라도 변호사 입장에서도 돈이 되지 않는 사건이라 시간 할애를 적게 하거나 신경 쓰지 않고 대충대충 할 수 있다.

변호사 보수가 현실화되면 좋겠지만 당장 이뤄지긴 힘들다고 본다. 따라서 미흡하지만 그래도 소송구조를 선택할지 아니면 여기 소개된 다른 제도를 활용할지를 비교 분석해보고 선택하는 것이 좋다.

법률구조 복지기관!
대한법률구조공단

대한법률구조공단은 경제적으로 어렵거나 법률지식이 부족해 법의 보호를 충분히 받지 못하는 국민을 돕기 위해 설립된 법률복지기관이다. 공단은 여러 사업을 하는데 그중에서 특히 중요한 것이 법률구조 사업이다. 법률구조는 크게 법률상담, 소송대리 및 형사변호 등의 법률서비스를 지원하는 사업을 말한다. 경제적인 문제 등으로 일반 변호사 사무실 또는 법무사 사무실에서 도움을 받기 어려운 국민들에게 법률서비스를 제공해주는 것이다.

여러 관공서에서 법률 관련 민원이 발생하면 법률구조공단으로 가보라고 하는 경우가 많다. 그러나 공단이 모든 일을 다 해결해주지도 않고 자격에 제한이 있는 경우도 많으니 이에 대해 살펴보자.

법률상담을 받을 수 있는 자격에 제한이 없다. 법률상담의 유형으로는 챗봇상담, 면접상담, 전화상담, 채팅상담, 화상상담, 사이버상담이 있다. 다만 세무상담 등 법률상담 이외의 전문분야 상담, 법원 판결 결과 등에 대한 탄원성 질의 등 법률상담이 제한되는 경우가 있다.

　법률상담을 통해 법률구조를 신청한 사건의 소송하고자 하는 가액이 1천만 원 이하 소액이면서 사안이 명백하고 단순한 사건의 서류는 무료로 작성해준다. 1천만 원이 넘거나 신청인이 소송 수행을 하기 어려운 사건은 소송대리 등을 제공한다.

　공단은 이러한 소송구조, 즉 민·가사 등 사건 소송대리 및 형사변호를 제공한다. 다만 형사고소 대리의 경우 검찰청에서 피해자 국선변호사로 지정된 경우를 제외하고 공단의 법률구조 업무에 포함되지 않는다. 소송구조는 법률구조대상자에게만 제한하여 제공한다. 원칙적으로 소득을 기준으로 중위 소득의 125% 이하인 국민 또는 국내 거주 외국인이 법률구조대상자이다. 여기에는 무료 법률구조대상자와 유료 법률구조대상자가 있다.

　참고로 공단 소송구조 사건의 90% 이상이 무료 사건이고 유료라고 해도 비교적 저렴하므로 비용은 크게 걱정하지 않아도 된다. 구체적인 지원 대상 및 요건 등에 대해서는 공단 홈페이지(www.klac.or.kr)를 참조하자.

돈 대신 노력으로!
나홀로 소송

🏛
나홀로 소송이란

형사소송의 피고인이 빈곤한 경우에 피고인이 청구하면 국선변호
인이 선정된다. 또 '구속전피의자심문'을 받는 피의자의 경우에도
국선변호인이 선정되고, 국민참여재판사건 등의 경우 해당 특별법
에서 국선변호인을 선정하도록 하고 있다. 그러나 이러한 제도가
있음에도 실제로는 형사재판에서 피고인 2명 중 1명은 변호인 없이
'나홀로 소송'을 하고 있다고 한다.

헌법소송의 경우 헌법재판소법이 적용되어 사건당사자가 변호
사를 선임해야만 재판을 진행할 수 있다. 이때 경제적 어려움이 있
다면 국선대리인을 선임하여 줄 것을 신청할 수 있다.

민사소송의 경우 일부 예외를 제외하고 대리인은 원칙적으로 변호사만이 될 수 있다. 다만 본인이 직접 하는 경우에는 변호사 선임이 강제되지 않기 때문에 얼마든지 변호사 없이 나홀로 소송을 진행할 수 있다.

결국 형사소송에서 가해자인데 국선변호인이 선정되지 않은 경우 및 피해자라서 고소를 해야 하는 경우 또는 민사소송의 경우 등에 나홀로 소송을 고려해 볼 수 있다. 나홀로 소송의 경우 돈 대신 자신의 노력으로 소송을 진행해야 하는 경우이므로 책을 보거나 여러 사이트를 둘러보고 연구를 많이 해야 한다. 결론적으로 이렇게 들이는 노력과 돈을 저울질해 변호사를 선임할지 나홀로 소송으로 진행할지를 결정하면 된다. 다만 지나치게 복잡한 사건이라면 변호사를 선임하는 것이 좋을 것이다.

만약 나홀로 소송을 진행하기로 결정하였다면 특히 고소장이나 소장을 쓰는 것이 난관일 것이다. 형식보다도 내용이 중요하므로 사건이 일어난 시간순서에 따라 육하원칙을 지키며 작성하는 것이 중요하다. 특히 시간과 장소가 중요하므로 빼먹지 않도록 주의하자.

물어보기 부끄러워 묻지 못한 생활 속 소송상식

06

나홀로
소송 노하우

대부분의 경우 소송은 일생에 한 번 있을까 말까한 중대한 일일 것이다. 그럼에도 불구하고 그 대처를 함에 있어서는 너무나 허술하게 하는 모습들이 종종 보인다. 이건 좋게 말하면 판사가 알아서 잘 판단해줄 것이라는 믿음에 기인한 것이겠지만 실상은 그렇지 않다는 것이 문제이다. 여기서는 소송시 최소한 이것만은 알고 이것만은 지켜야 하는 사항에 대해 알아보자.

🏛

할 말이 있거나 입증하고자 하는 게 있다면
미리미리 제출하자

영화나 드라마에서처럼 민사재판의 변론기일에 말로 치열하게 다투는 경우는 거의 없다. 쌍방이 변호사인 경우는 빠르면 5분도 걸리지 않고, 소액사건은 1분도 안 걸리는 경우도 왕왕 있다. 우리나라에서는 기본적으로 서면 재판으로 진행되기 때문이다. 할 말이 있거나 반박할 것이 있는 경우 준비서면이나 답변서 등 서면을 미리 제출하자. 또 입증하고자 하는 것이 있다면 증거를 미리 제출하자.

상대방은 제대로 서면으로 준비했는데 이에 대해 내가 말로 반박한다는 것 자체가 쉽지 않다. 그 말을 하는 시간만큼 변론시간 자체가 길어지게 된다. 그러면 판사가 "여기서 말하지 마시고 정리하여 서면으로 제출하세요."라고 하며 다시 변론기일을 잡게 될 것이다. 사건 진행기간도 길어지게 되는데 이렇게 되면 재판부가 좋아하지 않는다. 그리고 판사는 다시 "앞으로는 말할 게 있으면 서면으로 미리 제출하시고 증거도 미리 제출하세요."라고 말할 것이다.

형사재판의 공판기일의 경우에는 조금 더 말로 진행되는 부분이 있다. 그렇지만 이 역시 민사재판의 경우와 마찬가지로 미리 제출한 의견서 등 서면이나 증거를 가지고 이를 읽는 수준으로 진행되는 경우가 많다. 결국 미리 서면을 제출해야 하는 점에 있어서는 같다.

따라서 할 말이 있거나 입증하고자 하는 게 있다면 서면이나 증거를 미리미리 제출하자. 이렇게 미리 글을 잘 써서 제출해 놓으면 판사가 질문을 하거나 하는 등으로 말을 해야 할 일이 거의 없게 되는 점에서도 좋다.

절대 지각이나 불출석하지 마라

지각이나 불출석하는 경우 다퉈보지도 못하고 패소하게 되거나 구속영장이 발부될 가능성이 있다.

민사재판의 경우 특히 피고가 변론기일 전에 서면을 제출하지 않은 채 출석하지 않으면 자백한 것처럼 보고 원고 주장을 모두 인정하는 것으로 되어 패소할 수 있게 된다. 만약 원고가 불출석하는 경우 재판장은 보통 피고도 출석하지 않은 것으로 하여 '쌍방불출석'으로 처리한다. 이러한 쌍불이 2회 또는 3회 있으면 최종적으로 소를 취하한 것으로 보고 재판이 그대로 종료될 수 있다.

참고로 소액재판의 경우 피고가 답변서 제출 없이 불출석하게 되면 그 즉시 원고승소판결이 내려질 수 있으므로 피고 입장에서는 더욱 각별한 주의가 필요하다.

형사재판의 경우, 경미한 사건 등 피고인이 공판기일에 불출석할 수 있는 예외적인 경우에 해당하지 않음에도 불구하고, 피고인이 공판기일통지서를 적법하게 송달받은 상황에서 공판기일에 불출석하면 구속영장이 발부될 가능성이 있다.

물론 지각의 경우 재판부에 전화해서 재판 순서를 바꾸거나 할 수 있는 경우가 많다. 그러나 상대방이 기다려줄 수 없는 피치 못할 사정이 있는 등의 경우에 최종적으로 누가 그 위험을 부담해야 될 것인지를 생각해보라. 즉 이러한 경우에 나의 편의만을 봐줄 수 없는 경우도 얼마든지 있을 수 있다는 점을 고려한다면 불출석은 물론이고 절대 지각도 해서는 안 된다.

🏛
전자소송을 이용하자

민사소송의 경우 거의 전자소송화가 되었다. 전자소송을 이용하는 경우 사건 관리하기에도 편하고 서류를 잃어버린다거나 기일을 놓친다거나 하는 등 실수할 일도 줄어든다. 이외에도 여러 가지 면에서 전자소송의 경우 종이소송보다 훨씬 편하고 재판부 역시 전자소송을 선호한다. 따라서 가급적 전자소송을 익혀 전자소송을 이용하는 게 좋다.

형사절차의 완전 전자화는 법원 형사전자소송시스템이 구축되어 차세대 킥스(형사사법포털)와 연계되는 2025년 6월부터 시행될 예정이다. 따라서 역시 하루 빨리 전자소송을 활용하는 법을 배우는 것이 좋다.

다만 형사재판의 경우 전자소송이 도입되기 전까지와 전자소송이 도입되는 경우에도 전자소송으로 진행하는 것이 곤란하거나 적합하지 않은 예외적인 경우에는 여전히 종이소송으로 진행될 것이

전자소송 홈페이지(ecfs.scourt.go.kr)

다. 이 경우에는 민원실을 잘 이용하는 것이 좋다. 민원실에는 각종 서식들도 있으니 또한 도움이 된다.

🏛
내용을 정확히 이해하고 답변을 하자

특히 민사재판에서 많이 일어나는 경우인데 당연히 판사가 하는 말이 무슨 뜻인지도 모르면서 무조건 '네, 네'하고 있으면 안 된다.

예를 들어 판사가 "○○인 부분에 대해서는 다툼 없는 사실로 정리해도 되겠죠?"라고 물어본다. 이때 '다툼 없는 사실'이 무슨 뜻인지 모르겠다면 반드시 판사에게 어떤 의미인지를 물어보고 내용을 이해한 후에 답변을 해야 한다. 만약 당장에 답변하기 어렵다면 "검토 후 서면으로 제출하겠습니다"라고 하는 방법도 있다. 그러니 섣부른 답변으로 돌이킬 수 없는 잘못을 저지르지 말자.

🏛

판사의 말을 허투루 듣지 말고 판사로부터 권유나 요청 등을 받는다면 반드시 그에 알맞은 행동을 하자

예를 들어 판사가 "다음 기일까지 신청할 증거 있으면 신청하시고 주장 정리하세요"라고 말하였다거나 "변호사 선임을 한 번 고려해보세요"라고 말하였다면 이를 간과해서는 안 된다.

전자의 경우 재판이 지연되고 있으니 빨리 마무리하라는 뜻으로 봐야 할 것인데 그럼에도 가만히 있기만 한다면 그 불이익은 자신이 감당하게 될 수 있다. 후자의 경우 현재까지 진행된 것만으로는 이기기 어렵지만 주장을 잘 정리만 한다면 승소 가능성이 있음을 넌지시 알려주는 것일 수 있다. 그러므로 이 경우에도 가만히 있다가 이길 수 있는 기회를 스스로 놓치게 될 수 있기 때문이다.

물어보기 부끄러워 묻지 못한 생활 속 소송상식

🏛 기타 당연한 것들

판사나 법정을 모욕하거나 폭언·소란 등의 행위를 하는 경우 재판에 불리해질 수 있는 것은 물론이다. 또 이는 형법상 법정모욕죄나 법원조직법상 감치·과태료에 해당될 수 있으니 절대 하지 말아야 한다.

법정에서 무단 녹음을 할 경우 법원조직법은 20일 이내의 감치에 처하거나 100만 원 이하의 과태료를 부과할 수 있도록 하고 있다. 그러니 반드시 주의하여야 한다. 참고로 속기나 녹음이 필요한 경우라면 '변론 녹음 및 속기 신청서'를 제출하는 방법이 있다.

복장도 신경을 쓰면 좋다. 판사도 사람이다 보니 나쁜 인상을 심어주면 좋지 않을 것이므로 재판에 갈 때는 가능한 단정하게 입고 가자.

07

나홀로 소송에
유용한 사이트

'나홀로소송' 사이트에서 전체적인 흐름을 파악하고, 서면은 법률구조공단 사이트에서 양식을 받아 수정 후 제출하면 된다. 다른 사이트들도 도움이 될 것이다. 각종 검색 엔진도 잘 활용하자.

나홀로소송(https://pro-se.scourt.go.kr/wsh/wsh000/WSHMain.jsp)

나홀로 소송의 내용을 총망라하고 있다. 너무 방대하다는 점에서 이는 장점이자 단점이다.

전자소송(https://ecfs.scourt.go.kr/ecf/index.jsp)

소장 등 서면 제출용 사이트이면서 관할법원찾기나 소송비용계산, 부동산가액 및 소가계산기 등의 기능이 갖추어져 있다.

종합법률정보(https://glaw.scourt.go.kr/wsjo/intesrch/sjo022.do)

판례나 법령 등을 검색할 수 있다.

대한법률구조공단(https://www.klac.or.kr)

양식의 보고이다. '법률서식'에서 서식을 다운받아 수정하면 된
다. 기타 '소송비용 등 자동계산'에서 소송비용 계산 이외에 이자 계
산 등도 할 수 있다.

**케이스노트(https://casenote.kr), 빅케이스(https://bigcase.ai), 엘박스
(https://lbox.kr/v2)**

종합법률정보보다 다양한 판례를 검색할 수 있다.

KB부동산(https://kbland.kr/map?xy=37.5205559,126.9265729,17)

아파트 시세 등을 알아볼 때 유용하다.

국토교통부 실거래가 공개시스템(https://rt.molit.go.kr)

토지 시세 등을 알아볼 때 유용하다.

양형위원회(https://sc.scourt.go.kr/sc/krsc/main/Main.work)

양형기준이 나열되어 있다. 주로 시행 중 양형기준에서 해당 범
죄의 감경요소를 찾아볼 수 있다.

현직 변호사가 알려주는 변호사 선임법

변호사 선임시 고려사항

일단 충분한 시간을 들여서 여러 군데를 알아본다고 생각하자. 요즘은 여러 법률서비스 플랫폼도 있으니 이를 활용하고 전화상담 등을 한다면 예전보다 품이 덜 들 것이다.

비용과 편익을 상호 비교하여 선택하자. 분명한 것은 대부분의 사건은 수임료 차이만큼 결과에 있어서의 차이를 가져오지는 않는 경우가 많다는 점이다. 대형로펌이나 전관변호사에게 맡긴다고 일반변호사에게 맡긴 것에 비해 결과에 있어 확연한 차이를 가져오는 것은 아니다. 반면 싼게 비지떡이라는 말처럼 지나치게 수임료가 낮아도 문제다. 변호사업은 철저히 노동집약적 산업인만큼 수임료가 낮다면 박리다매가 될 수밖에 없고 그만큼 내 사건에 쓸 수 있는 시간이 적어진다는 것을 의미하기 때문이다. 따라서 수임료는 자신의 사정에 맞게 무조건 싼 곳이 아닌 적절한 곳을 찾는 게 당연하다.

변호사 경력과 전문변호사인지도 중요하다. 이는 대한변호사협회 사이트의 변호사 검색을 통해 확인가능하다.

'전문'이라는 표현은 누구나 사용할 수 있으므로, 실제 일정한 경력이 있는 전문변호사를 찾는다면, '이혼 전문 변호사 A'가 아니라 '대한변호사협회(또는 대한변협) 등록 이혼 전문 변호사 A'를 찾아가야 한다.

유사 사건 수행 경험 및 성공사례가 있으면 금상첨화이다.

경우에 따라서는 자신과 성향이나 결이 잘 맞는 변호사가 선택의 기준이 될 수도 있을 것이다.

반드시 피해야 하는 변호사

무조건 이긴다고 호언장담하는 변호사는 피해야 한다. 선임 당시 사건을 모두 파악한 후 확답을 할 수 있는 경우는 거의 없다. 확답을 한다면 이는 수임을 위한 것일 가능성이 높다. 수임담당 변호사와 사건처리 변호사가 다른 경우는 특히 주의하자.

권위적이거나 바빠서 소통이 잘 안되는 변호사, 일하지 않는 변호사, 경험이 부족한 변호사도 피하는 것이 좋다.

지나치게 친절한 변호사도 피하자. 그 친절이 수임만을 위한 것인지 잘 구별해야 한다는 의미이다.

무조건 법무법인 이름이나 그 건물 규모 혹은 가깝다는 이유만으로 선택하는 것도 피해야 한다. 판사와의 친분을 강조하는 변호사도 피하자.

 TIP | **별산제, 옆 방의 부장판사·검사 출신 변호사는**

크게 도움이 되지 않는다

요즘은 법무법인 운영을 '별산제'로 하는 경우가 많다. 비유하자면 별산제는 마치 백화점의 명성이나 지리적 위치 등을 이용하려는 개별 입점업체가 그 백화점에 모여있는 것과 유사하다고 할 수 있다.

따라서 이 경우 하나의 법무법인의 여러 방에 여러 변호사가 있더라도 결국 무늬만 같은 법무법인 소속이기 때문에 옆 방에 누가 있냐는 중요하지 않다. 지금 사건을 맡기는 변호사가 누구인가가 더 중요해지는 이유이다.

PART

3

돈 받기를 원한다면?
민사소송!

1장
—

소를
제기하자

내용증명을 보냈으나 상대방에게 도달되지 않거나 받기를 거부하거나 받았어도 아무런 응답이 없거나 또는 합의가 되지 않는다면 결국은 민사소송이 답이다.

범죄로 인한 경우라면 상대방을 형사고소하여 상대방이 처벌받도록 하는 게 목적인 경우 또는 조금 경미한 사건이라면 사과를 받는 것만을 목표로 하는 경우도 있다. 이 과정에서 돈을 받고 합의하는 경우 또는 형사소송 내에서 '배상명령'을 통해 일부 피해배상을 받을 수 있다. 그러나 합의는 배상과는 별도이고 배상명령은 불완전하다. 따라서 실질적인 피해 회복을 위해서는 민사소송이 필수적이게 된다.

여기서는 민사소송을 제기할 경우 소송의 전반적인 흐름을 알아보고 각 단계에서 필요한 지식들에 대해 살펴본다.

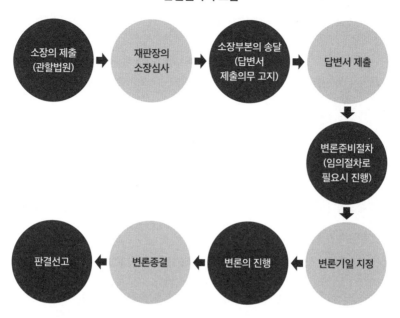

· 판결절차의 흐름 ·

소장의 제출 (관할법원) → 재판장의 소장심사 → 소장부본의 송달 (답변서 제출의무 고지) → 답변서 제출 → 변론준비절차 (임의절차로 필요시 진행) → 변론기일 지정 → 변론의 진행 → 변론종결 → 판결선고

소장의 제출 (관할법원)	· 당사자가 누구인지, 원하는 게 무엇인지(청구취지), 왜 상대방이 그렇게 해야 하는지(청구원인), 어떤 종류의 소인지 등을 적어 소장을 제출하고 인지대·송달료 납부 등을 하는 단계
재판장의 소장심사	· 소장에 요구되는 사항이 적혀 있는지, 인지가 첨부되어 있는지 등을 보는 단계 · 부족하면 보정명령을 보내고 그래도 기한 내 보정하지 않으면 '소장 각하 명령'
소장부본의 송달 (답변서 제출의무 고지)	· 피고는 송달받은 후 30일 내에 답변서 제출 의무 · 다만 30일이 지나도 법원이 바로 선고기일을 지정하는 경우는 드물고 30일이 지나더라도 선고기일이 지정될 뿐이고 선고기일 까지 답변서를 제출하면 지정되었던 선고기일이 취소됨
답변서 제출	· 청구취지·청구원인에 대한 답변

변론준비절차 (임의절차로 필요시 진행)	· 서면준비절차 및 준비기일절차
변론기일 지정	· 통상 일정기간이 지나면 변론기일을 지정하게 되나 재판을 빨리 진행하고 싶다면 기일지정신청서를 제출하면 됨 · '변론기일통지서'가 송달됨

변론의 진행	· 소송요건 심사 → 흠이 있으면 '소각하 판결'
	· 변론기일은 사건번호와 당사자의 이름을 불러 시작됨
	· 재판장이 사건개요와 심리 경과 등을 당사자 또는 대리인에게
	  설명해주는 경우도 있고, 필요에 따라 당사자 등에게 질문이나
	  요청을 하기도 함
	· 변론기일에는 제출된 소장·답변서·준비서면에 기재한 사항에
	  대한 변론이 주를 이루고, 서면을 통해 미리 제출하지 못한 증거
	  제출도 가능
	· 재판장이 직권으로 화해권고결정을 내리거나 조정에 회부시켜
	  분쟁 해결을 도모할 수도 있음
	· 반박하거나 증거신청 등이 필요한 경우 다음 변론기일이 지정됨
	· 다음 변론기일 전까지 준비서면 제출, 증거신청 등을 함
	· 다음 변론기일에 주장진술, 증거조사 등이 이루어짐
	· 이러한 절차가 반복됨

변론종결	· 재판장은 기일의 심리를 마치면 변론 종결 여부를 결정
	· 변론을 종결하는 경우 재판장은 출석한 당사자 등에게 최종 의
	  견진술 기회를 부여하고 판결 선고기일 지정
	· 변론종결 후에는 준비서면이나 입증자료를 제출할 수 없으므로
	  제출을 위해 '변론재개신청' 가능
	· 실무상 변론종결 후라도 판결선고 전이면 참고서면은 제출 가능

판결선고	· 원칙상 2주 내에 선고, 실무상 보통 4주

01

상대방이 나쁜 짓을 못하게 미리
손발을 묶는 방법?
가압류 & 가처분

소송은 최소 6개월이 소요된다. 이렇게 소송으로 강제집행을 하기까지는 충분한 시간이 있다. 소송이 제기되면 이를 알게 된 채무자(피고)는 그 기간 동안에 돈을 숨긴다거나 무단으로 점유를 이전해버릴 수 있다. 돈이 없으면 강제집행이 불가능해지게 되고 판결의 효력은 원칙적으로 당사자에게만 미치고 제3자에게는 미치지 않기 때문이다. 따라서 이를 막을 방법이 필요한데 그것이 바로 '가압류'와 '가처분'이다. 이를 합쳐서 '보전절차'라고 한다.

🏛
가압류

금전채권 또는 금전으로 환산할 수 있는 채권에 기초하여 동산·부동산·채권에 대해 하는 강제집행을 보전하기 위한 절차이다. 쉽게 말해 받을 돈이 있는데 주지 않는 경우 나중에 강제집행을 할 수 있도록 미리 재산을 묶어두는 것이다. 동산가압류는 영화나 드라마에서 많이 보는 속칭 '빨간 딱지'로 불리는 압류표를 붙이는 방식으로 한다. 부동산가압류는 등기부상 이를 기재함으로써 한다. 채권가압류는 흔히 채무자가 은행에 가지는 예금채권을 동결시켜 묶어두기 위해 이용된다. 이를 실무에서 '통장가압류'라고 하기도 한다.

🏛 가처분

가처분에는 2가지 종류가 있다. '다툼의 대상에 관한 가처분'과 '임시지위를 정하기 위한 가처분'이다.

다툼의 대상에 관한 가처분은 비금전채권의 보전을 목적으로 하는 것이다. 예를 들어 부동산소유권 이전등기를 하려는 원고가 피고가 소송 도중 소유명의를 타인에게 이전하지 못하도록 '처분금지가처분'을 신청할 수 있다. 또 임대물의 인도를 구하는 원고(임대인)가 피고(임차인)가 소송 도중 점유를 타인에게 이전하지 못하도록 '점유이전금지가처분'을 신청할 수 있다.

임시지위를 정하기 위한 가처분은 현재 상태로 방치하면 권리자에게 손해나 위험이 있어 소송 목적을 달성하기 어려운 경우 그 위

물어보기 부끄러워 묻지 못한 생활 속 소송상식

험을 방지하기 위한 가처분이다. 그 예로 특허 등 지식재산권의 침해금지가처분, 부정경쟁행위금지 가처분, 직무집행정지 가처분, 업무방해금지 가처분, 입찰절차속행금지 가처분 등이 있다. 또 치료비지급가처분, 임금지급가처분도 있다.

🏛 보전소송절차의 특징

본안소송(보통 재판)절차와 대비하여 보전소송절차의 가장 큰 특징으로 전자가 필요적 변론임에 반하여 후자는 임의적 변론이어서 변론기일이 열리지 않거나 심문으로 대체되는 경우가 많다는 점이 있다. 즉 채권자나 채무자가 법원에 출석하여 진술하지 않고 서면심리만으로 진행한다는 것이다(임시지위를 정하기 위한 가처분은 예외). 변론을 하게 되면 채무자가 가압류·가처분 신청을 알게 되어 재산을 은닉하거나 처분할 수 있기 때문이다.

또 전자는 법관이 확신을 하도록 '증명'해야 하는 반면 후자는 대게 그럴 것이라는 추측 정도만 얻게 하면 되는 '소명'만으로 충분하다는 점에서도 차이가 있다.

보전소송절차에서 가압류결정·가처분결정이 있으면 그 결정에 따른 집행, 즉 '보전집행'이 행해진다.

02

소송하는데 돈은 얼마나 들까?

소송비용

　원고의 기본 소송비용은 인지대, 송달료, 변호사비용 등이다. 이외에 소송 중에 증인을 부르거나 검증·감정을 할 경우 각각 증인여비와 검증·감정비용이 발생한다. 여기서 인지대는 법원서비스에 대한 수수료이고 이는 소송목적의 값(소가)을 기준으로 산출된다. 예를 들어 돈을 갚으라고 하는 경우 그 갚으라는 금액이 소가가 된다. 송달료는 소송상 서류를 당사자 등에게 송달하기 위하여 소요되는 비용이다. 이는 당사자 수에 따른 계산방식에 의해 정해진다.

　변호사비용이 대개 소송비용 중 가장 큰 몫을 차지한다. 변호사비용은 변호사가 누구인가에 따라, 사건의 난이도와 관할, 소가 등에 따라 달라지므로 천차만별이다. 피고는 원고가 인지대와 송달료를 지급했고 소송을 받았을 뿐이므로 대개 이 변호사비용만이 소송비용이 된다.

소송비용은 패소한 당사자가 부담하는 것이 원칙이다. 소 제기 단계에서는 소송을 제기한 원고가 소송비용을 부담한다. 그러나 원고가 전부 승소하거나 일부 승소했을 경우 각각 전액 또는 일부를 패소자인 피고에게 청구하여 다시 돌려받을 수 있다. 반대로 원고가 패소하거나 소를 취하한 경우 원고가 소송비용의 부담자가 되는 것이 원칙이다. 따라서 이 경우 원고는 피고가 변호사를 선임하였다면 자신의 소송비용에 더하여 피고의 변호사비용도 부담해야 한다.

다만 승소하면 변호사비용 전부를 패소자에게 부담시킬 수 있다는 말은 잘못된 말이다. 즉 소가에 따라서 패소자에게 청구할 수 있는 비용에 상한선이 있다. 또 변호사 선임 없이 나홀로 소송을 한다면 이기더라도 상대방에게 변호사비용을 받을 수 없다. 따라서 승소가능성이 높은 경우에 무조건 선임료가 비싼 변호사를 선임하는 것은 어리석은 일이다. 반대로 승소가능성이 높은데도 변호사 없이 혼자 고생하며 나홀로 소송을 하는 것 역시 미련한 일이다.

참고로 변호사비용에 있어 민사사건의 경우 착수금과 성공보수로 이뤄진 반면 형사사건에서는 성공보수 약정이 무효라는 점을 알아두자. 또 소가계산도 복잡한 경우가 있고 변호사보수가 소송비용에 얼마나 산입되는지에 대해서도 복잡한 계산식이 있다. 그러므로 실제 구체적인 소송비용은 소송비용을 자동으로 계산해 주는 사이트들이 많으므로 이를 이용하자.

판결이 확정되면, 소송비용의 청구는 소송비용액 확정결정신청서에 의하여 하며 비용계산서 및 그 등본과 비용액을 소명하는데 필요한 서면을 제출하여야 한다.

TIP 변호사보수의 소송비용 산입에 관한 규칙 [별표]

소송목적 또는 피보전권리의 값	소송비용에 산입되는 비율 또는 산입액
300만원까지 부분	30만원
300만원을 초과하여 2,000만원까지 부분 [30만원 + (소송목적의 값 - 300만원) × $\frac{10}{100}$]	10%
2,000만원을 초과하여 5,000만원까지 부분 [200만원 + (소송목적의 값 - 2,000만원) × $\frac{8}{100}$]	8%
5,000만원을 초과하여 1억원까지 부분 [440만원 + (소송목적의 값 - 5,000만원) × $\frac{6}{100}$]	6%
1억원을 초과하여 1억5천만원까지 부분 [740만원 + (소송목적의 값 - 1억원) × $\frac{4}{100}$]	4%
1억5천만원을 초과하여 2억원까지 부분 [940만원 + (소송목적의 값 - 1억5천만원) × $\frac{2}{100}$]	2%
2억원을 초과하여 5억원까지 부분 [1,040만원 + (소송목적의 값 - 2억원) × $\frac{1}{100}$]	1%
5억원을 초과하는 부분 [1,340만원+ (소송목적의 값 - 5억원) × $\frac{0.5}{100}$]	0.5%

※ 소송목적의 값(소가)이란 원고가 소를 통해 달성하려는 목적을 돈으로 평가한 금액을 말한다. 돈을 목적으로 한 소송이라면 그 청구금액과 일치하나 물건 등은 별도 계산식으로 산출된다.

소장은
어떻게 쓸까?

소장을 작성하여 법원에 제출해야 민사소송이 시작된다. 소장에는 원고가 누구를 피고로 하여 어떤 내용의 판결을 구하는지를 분명하게 기재하여야 한다. 구체적으로 원·피고 당사자의 성명 등 첫머리 기재사항, 청구취지, 청구원인, 부속서류(입증방법·첨부서류)의 표시, 작성 연월일 등 끝머리 기재사항으로 구성된다.

🏛 소장 작성법

첫머리 기재사항	**소 장** 원 고 ○○○ 　　　　○○시 ○○구 ○○로 ○○(우편번호) 피 고 ◇◇◇ 　　　　○○시 ○○구 ○○로 ○○(우편번호) **대여금청구의 소**
청구취지	**청 구 취 지** 1. 피고는 원고에게 ○○○원 및 이에 대한 20○○. ○. ○.부터 이 사건 소장 부본 송달일까지는 연 5%의, 그 다음날부터 다 갚는 날까지는 연 12%의 각 비율에 의한 돈을 지급하라. 2. 소송비용은 피고가 부담한다. 3. 위 제1항은 가집행 할 수 있다. 라는 판결을 구합니다.
청구원인	**청 구 원 인** 1. 원고는 피고에게 아래와 같이 돈을 대여하였습니다(갑 제1호증 차용증). 　가. 대여금액 금 ○○○원 　니. 대여일자 20○○. ○. ○. 　다. 변 제 일 20○○. ○. ○.

청구원인	2. 피고는 변제일이 지나도록 위 대여금을 지급하지 않아 원고는 피고에 대하여 대여금 ○○○원 및 이에 대한 변제일 다음날인 20○○. ○. ○.부터 이 사건 소장 부본 송달일까지는 연 5%의, 그 다음날부터 다 갚는 날까지는 소송촉진 등에 관한 특례법에 따른 연 12%의 각 비율에 의한 지연손해금의 지급을 구하기 위하여 이 사건 청구에 이른 것입니다.
부속서류	**입 증 방 법** 1. 갑 제1호증　　　　차용증 **첨 부 서 류** 1. 소장부본　　　　　1통 1. 송달료납부서　　　1통
끝머리 기재사항	20○○. ○. ○. 위 원고　○○○ (서명 또는 날인) **○○지방법원 귀중**

　첫머리 기재사항에는 소장이라고 기재하고, 원고와 피고의 이름과 주소를 기재하며, 사건명을 기재한다.

　당사자에게 법정대리인이 있다면 법정대리인을, 소송대리인이 있다면 소송대리인을 기재한다. 당사자가 만약 회사 등 법인이면 대표자 등을 기재한다. 만약 피고의 이름을 모른다면 '성명불상', 주소를 모른다면 '주소불명'으로 기재하고 일단 소를 제기한다. 처음부터 원고와 피고를 정확히 특정하는 것이 중요한데 소송 중에 당사자를 바꾸는 것은 허용되지 않거나 까다로운 요건을 충족해야 하기 때문이다. 따라서 만약 당사자를 누구로 할지 정말 헷갈린다면 관련자 모두를 일단 당사자로 집어 넣고 나중에 빼는 방식을 취하자.

청구취지에는 원고가 소로써 바라는 결론을 적는다. 따라서 매우 중요한데 형식에 맞게 적는 게 강조되는 부분이므로 나홀로 소송을 하는 경우 어려울 수 있다.

청구원인에는 왜 피고가 청구취지 내용대로 원고에게 해야 하는지 그 이유를 설명하는 부분이다. 당사자 간 관계나 사건의 경위 등을 적고 필요에 따라 법률설명도 들어가야 한다. 원래 법률문장은 주·일·상·목·행(주어, 일시, 상대방, 목적, 행위내용)의 순서로 적으라고 한다. 그러나 일반인의 입장에서는 어려울 것이므로 육하원칙에 따라 일목요연하게 적되 특히 어떤 일이 일어난 시간·장소의 기재가 중요하다 점을 떠올리며 작성하면 될 것이다.

부속서류의 표시에는 입증방법과 첨부서류를 적는다. 입증방법에는 첨부하는 증거서류들을 기재한다. 원고는 '갑 제1호증 서류명', 피고는 '을 제1호증 서류명'으로 적는다. 첨부서류에는 증거서류가 아닌 나머지 참고자료에 해당하는 서류들을 기재한다. 다만 일반인의 입장에서는 구분하기 어려운 것이 사실이므로 제출하고자 하는 서류는 모두 입증방법으로 제출하는 것이 좋다.

끝머리 기재사항에는 작성 연월일, 작성자 이름과 서명 또는 날인, 법원의 표시(관할 법원을 말함)를 기재한다.

당사자를 잘못 지정한 경우 당사자를 변경할 수 있을까?

나홀로 소송을 할 때 범하는 돌이키기 어려운 실수 중에 하나가 바로 피고를 잘못 지정하는 것이다. 예를 들어 회사(법인)를 피고로 지정해야 하는데 그 대표이사 등 대표자 개인을 피고로 지정한 경우나 그 반대의 경우, 지역농업협동조합과 농업협동조합중앙회를 헷갈려서 피고 지정을 잘못한 경우 등이 대표적이다.

사실 피고의 이름을 잘못 적은 정도나 오타가 있는 정도는 비교적 간단한 절차인 피고의 '정정'으로 해결하면 된다. 그러나 처음부터 아예 다른 사람을 지정한 경우는 '정정'으로는 해결할 수가 없고 피고의 '경정'으로 해결해야 한다.

당사자의 동일성이 인정되는 범위 내에서 단지 그 표시를 고치는 것이 당사자표시정정이다. 반면 동일성이 인정되지 않는 새로운 사람으로 당사자를 교체하는 것은 피고의 경정에 의해야 한다. 피고의 경정이라는 절차는 단순히 번거로워지는 것뿐만 아니라 일정한 요건도 필요하므로 처음부터 피고를 잘 지정하는 것이 중요하다. 다만 이미 엎질러진 물이라면 이를 수습하는 방법인 피고의 경정이 필요하므로 이를 알아보자.

피고경정의 요건

피고경정의 요건으로 ① 원고의 서면 신청이 있을 것, ② 원고가 피고를 잘못 지정한 것이 분명할 것, ③ 교체 전후를 통하여 소송물(소송의 대상)이 동일할 것, ④ (피고가 소에 응한 경우) 피고의 동의가 있을 것, ⑤ 제1심

변론 종결 전까지가 있다. 참고로 말 그대로 '피고'의 경정이기 때문에 '원고'는 경정할 수 없어 더욱 신중을 기해야 한다. 즉 원고 경정은 법에 규정 자체가 없어 처음부터 불허되니 더욱 주의하자.

피고의 경정은 '피고를 잘못 지정한 것이 분명한 경우'에만 할 수 있다. '피고를 잘못 지정한 것이 분명한 경우'는 청구취지나 청구원인의 기재 내용 자체로 보아 쉽게 판단할 수 있는 경우를 말한다. 즉 '분명한 경우'는 재판 과정에서 밝혀져서 분명한 경우가 아니라 소장을 딱 보면 알 수 있는 경우를 말한다. 따라서 이러한 요건이 충족되지 않는 경우 피고의 경정을 할 수 없으므로 당연히 처음부터 피고를 정확히 지정하는 것이 중요하다.

피고경정의 효과

피고경정이 허가되는 경우 기존 소송은 취하된 것으로 본다. 새로운 소송이 새로운 당사자와 새로 시작되는 것이라고 보면 된다. 따라서 원고가 소를 제기할 때처럼 서면으로 신청하여야 하는 것이 원칙인 것이다 (다만 소액사건은 말로도 신청 가능).

그 외에도 경정신청서 제출시에 '시효중단'이나 기간 준수 등의 효과가 발생하기 때문에 피고경정이 허가되더라도 잘못하면 권리 실현이 어려워질 수 있다는 점도 유념할 필요가 있다. 즉 처음 소를 제기한 때 기준으로는 기간 내이지만 경정신청서 제출시 기준으로는 기간이 지난 경우 문제가 발생될 수 있다.

04

소장은 어디에 내야 할까?

관할의 문제

작성한 소장을 법원에 제출해야 민사소송이 시작된다. 여기서 어느 법원에 제출해야 하는지가 관할의 문제이다. 관할에 대한 여러 분류기준이 있는데 여기서는 특히 중요한 토지관할에 대해서만 살펴본다.

원칙적으로 소장은 피고 주소 소재지 관할법원에 제출한다. 다만 국내에 주소가 없거나 주소를 알 수 없는 경우 거소(거주하는 장소)에 따라, 거소가 일정하지 않거나 거소도 알 수 없으면 마지막 주소에 따라 정한다. 다만 원칙이라고 하더라도 우선순위가 있는 것은 아니고 사건에 따라 선택적으로 특별히 다른 소재지 법원이 관할이 될 수 있다. 즉 원칙적인 관할법원과 어떤 소인지에 따라 추가적으로 특별히 인정되는 관할법원 어디에나 소장을 제출하면 된다. 이러한 경우에는 물론 가깝다거나 해서 자신에게 편익이 가장 큰 법원을 관할법원으로 선택하면 된다.

이렇게 피고의 주소 등을 기준으로 실제 소장을 제출할 구체적인 법원은, 대한민국 법원 관할법원찾기(www.scourt.go.kr/region/location/RegionSearchListAction.work) 또는 전자소송(ecfs.scourt.go.kr) 내부가기능에 있는 관할법원찾기 등을 이용하여 찾으면 된다.

소장 제출 후 내용을 바꾸고 싶다면? 청구의 변경

소송 도중에 원고가 원하는 바를 바꿀 수 없다면 소장을 쓸 때 완벽하게 써야 한다는 지나친 부담이 생긴다. 또 예를 들어 손해배상 청구를 한다면 처음부터 그 손해액을 정확히 계산하여 작성하여야 하는 상황이 된다. 그렇기 때문에 원고는 소송 도중에 청구를 변경할 수 있다. 다만 이렇게 변경되면 피고의 방어권 행사에 장애가 생기기 때문에 일정한 요건 하에서 변경할 수 있다.

청구의 변경은 청구취지와 청구원인 중 어느 하나 또는 모두를 변경하는 방법으로 한다. 이를 위해 실무상 '청구취지변경신청서' 또는 '청구취지 및 청구원인 변경신청서'라는 서면을 제출한다. 일반적으로는 소장을 일부 수정하거나 내용을 일부 추가하는 방식으로 작성된다.

05

송달이 되지 않는 경우
어떻게 해야 할까?
사실조회신청

소송이 제대로 시작되려면 소장부본이 피고에게 송달될 필요가 있다. 따라서 이를 위해서는 피고의 주소를 알아야 한다. 그러므로 주소를 모를 경우 소장을 제출할 때는 임시로 '주소불명'으로 하여 제출할 수 있지만 결국에는 제대로 된 주소를 알아내야 한다. 이를 위한 것이 '사실조회신청'이다. 이를 위해 소장 제출 후 '사실조회신청서'를 제출하면 된다.

사실조회신청서

사 건   20○○가단○○○○○○ 대여금

원 고   ○○○

피 고   ◇◇◇

위 사건에 관하여 주장사실을 입증하기 위하여 다음과 같이 사실조회를 신청합니다.

사실조회촉탁의 목적

이 사건 소장 부본을 송달하기 위하여 피고 ◇◇◇의 주민등록번호, 주소를 확인하기 위하여 사실조회신청을 합니다.

사실조회기관의 명칭 및 주소

명칭 : 주식회사 케이티
주소 : (13606) 성남시 분당구 불정로 90 (정자동, KT본사)

사실조회사항

귀사와 관련하여 다음 사항에 대하여 회신하여 주시기 바랍니다.

1, 귀사의 고객 중 휴대전화번호
010-○○○○-○○○○으로 가입한 고객이 있는지 여부
2. 위 번호로 가입한 고객이 있다면 그 명의인의 성명, 주민등록번호, 주소

20○○. ○. ○.

위 원고   ○○○ (서명 또는 날인)

○○지방법원 제○○민사부(나) 귀중

피고의 전화번호를 알고 있는 경우라도 피고가 어느 통신사에 가입한지까지는 알기 어려우므로 KT, SKT, LG의 통신 3사 각각을 대상기관으로 하여 총 3장의 사실조회신청서를 작성하여야 한다. 이때 1장을 먼저 작성한 후 남은 2장의 경우 다른 내용은 동일하므로 '사실조회기관의 명칭 및 주소' 부분만 수정하면 된다.

만일 피고가 통신 3사에 가입되어 있지 않다거나 하면 사실조회의 목적을 달성할 수 없다. 이때는 여러 알뜰폰 통신사를 투망식으로 지정하여 사실조회신청을 한다거나 은행계좌번호나 차량번호 등 피고의 다른 정보들로 다시 사실조회신청을 해야 한다.

또 예를 들어 보이스피싱범처럼 피고의 인적사항을 전혀 알 수 없는 경우 난감할 수 있는데 이런 경우 형사 고소하여 수사를 통해 밝혀질 때까지 기다리는 방법을 취해야 한다.

물어보기 부끄러워 묻지 못한 생활 속 소송상식

영화와는 다르게 서면으로 싸운다!
준비서면

영화나 드라마에서 보듯 법정에서 변호사가 열정적으로 주장을 펼치는 경우는 거의 없다. 일단 판사든, 변호사든 그만큼의 시간도 없고 아무리 법률전문가라고 하더라도 충분한 검토 없이 바로 그 자리에서 답하기는 어렵기 때문이다. 실제로 법정에 있는 전광판에서 여러 사건이 같은 시각에 시작하게 되어 있고 10분 간격으로 다음 타임의 여러 사건들이 있는 것을 볼 수 있다. 이는 한 사건을 진행하는데 10분도 채 할당되지 않는다는 의미이다.

이게 가능한 이유는 변론기일 전에 당사자들이 변론의 준비를 하기 때문이다. 이 중 대표적인 것이 '준비서면'을 작성하여 제출하는 것이다. 참고로 변론의 준비 중 중요한 것이 증거신청을 준비하는 것이나 여기서는 준비서면에 대해서만 다루겠다.

원고가 소장을 제출하여 소송이 시작되면 피고 역시 이에 대해 다투고 자신의 주장을 하려고 한다. 피고가 원고의 주장에 답변을 하기 위해 처음 제출하는 서면이 '답변서'이다(답변서에 대해서는 다음 장에서 자세히 다룰 것이다). 그런데 이 답변서 역시 일종의 준비서면이 라고 할 수 있다.

준 비 서 면

사	건	20○○가단○○○○○○ 대여금
원	고	○○○
피	고	◇◇◇

위 사건에 관하여 원고는 다음과 같이 변론을 준비합니다.

다 음

1. 피고 주장에 대한 반박

가. 피고는 피고가 20○○. ○. ○.에 원고로부터 받은 돈의 경우 ① 대여금이 아닌 증여금이거나 ② 이미 변제했거나 ③ 소멸시효가 완 성되었다고 주장합니다.

나. 그러나 ① 위 돈은 차용증이 작성되었고 원고와 피고간 카카오톡 메시지를 살펴보더라도 원고가 피고에게 대여한 것이 명백하고(갑 제1호증 차용증, 갑 제2호증 카카오톡 메시지), ② 원고는 위 돈을 피 고가 주장하는 날에 받은 바 없으며(갑 제3호증 거래내역서), ③ 피 고는 이 사건 대여금 채권이 상사채권으로서 5년의 소멸시효기간이 적용된다고 주장하나 원고는 피고에게 돈을 빌려줄 당시인 위 20○

○. ○. ○.에는 상인이 아니었으므로(갑 제4호증 폐업사실증명서) 이에는 일반 민사채권의 소멸시효기간인 10년이 적용되는바 10년의 기간이 경과하지 않았음은 역수상(달력으로 숫자를 따져보면) 명백합니다. 따라서 피고의 주장은 모두 이유 없습니다.

2. 결론
관련 형사사건에서도 같은 취지의 판결이 나왔으므로(갑 제5호증 판결문) 조속히 원고의 청구를 인용하여 주시기 바랍니다.

입 증 방 법

1. 갑 제2호증   카카오톡 메시지
2. 갑 제3호증   거래내역서
3. 갑 제4호증   폐업사실증명서
4. 갑 제5호증   판결문

20○○. ○. ○.

위 원고 ○○○ (서명 또는 날인)

○○지방법원 제○○민사부(나) 귀중

준비서면은 변론기일에 출석해서는 사건을 파악하고 핵심적인 진술만 할 수 있도록 나의 주장 내용을 정리하여 준비할 수 있도록 해준다. 또 미리 상대방 준비서면을 읽고 상대방의 입장을 파악하여 마찬가지로 준비할 수 있도록 해주기 때문에 '준비'서면이다. 따라서 준비서면의 주된 내용은 자신의 주장에 관하여 공격과 방어를 하는 내용과 상대방의 반박으로서의 공격과 방어에 대한 대응과 재반박하는 내용이다.

준비서면은 상대방이 준비할 수 있도록 변론기일의 7일 전까지 제출해야 한다. 그러나 실제로는 바빠서이든 소송전략상 그렇게 하든 규칙대로 잘 이뤄지지 않으며 변론기일 전날이나 당일 제출되는 경우도 비일비재하다. 법원은 이러한 일이 악의적으로 반복되지 않는 한 보통은 이를 받아준다. 따라서 이 때문에 상대방의 검토 및 대응을 위하여 변론기일이 속행(재판을 다음 기일에 걸쳐 계속 진행함)되고 다음 변론기일이 잡히는 경우가 많다.

준비서면은 제출만으로는 변론의 내용이 되지 않고 당사자가 변론기일에 출석하여 준비서면에 적힌 내용을 진술하여야 한다. 다만 실무에서는 당사자가 출석하면 재판장이 사실상 이를 대신해 주므로 크게 신경 쓸 부분은 없다. 출석한 당사자가 준비서면에 적지 않은 사실은 상대방이 출석하면 변론기일에서 진술하는 데 문제가 없다. 그러나 상대방이 출석하지 않으면 변론기일에 진술할 수 없다. 참고로 준비서면은 30쪽 이하여야 하는 분량 제한이 있다.

준비서면은 변론기일 전에 몇 번이고 제출할 수 있다. 반대로 상대방의 준비서면 내용이 터무니없다고 생각되면 터무니없다고 반박하는 준비서면을 제출해도 되지만 굳이 반박하는 준비서면을 제

물어보기 부끄러워 묻지 못한 생활 속 소송상식

출하지 않아도 된다. 자신의 주장이나 반박을 위해 준비서면을 자유롭게 제출하거나 제출하지 않을 수 있다는 의미이다. 이렇게 대부분의 경우 법정에서 말로 싸우는 일은 없거나 조금 있고 실제로는 준비서면으로 실질적인 공방이 오가는 것이다.

 TIP **소송은 증거 싸움**

소송에서 이기기 위해서는 말로만 해서는 안 된다. 특히 다툼 있는 사실에 관해서는 증명이 되어야만 법관이 이를 인정할 수 있다. 따라서 소송은 결국 증거 싸움이 된다. 이를 위해 '증거 신청'을 해야 하는데, 증거 신청이란 법원에 증거의 조사를 구하는 신청을 말한다.

자신의 주장을 직접적으로 증명해주는 증거나 그 주장을 이유 있게 해주는 사실들에 대한 증거를 제출하여야 한다. 즉 관련된 증거 중 자신에게 유리한 증거 모두를 제출하면 된다. 증거 신청에 대하여 상대방은 '증거 항변'에 의하여 다툴 수 있다.

07

법원에 가는 날!

변론기일과 출석

🏛
변론기일의 지정·변경

원·피고간 소장 및 답변서가 교환되고 경우에 따라 준비서면도 몇 번 교환되고 나면 변론기일통지서가 송달된다. 당사자는 이를 통해 제1회 변론기일의 일시와 장소를 확인할 수 있다.

만약 충분한 시간이 지났다고 생각되는데도 법원이 변론기일을 정하지 않고 내버려두고 있다면 변론기일지정신청서를 제출하면 된다.

변론기일지정신청

사   건   20○○가단○○○○○○ 대여금

원   고   ○○○

피   고   ◇◇◇

위 사건에 관하여 변론기일을 지정해 주실 것을 신청합니다.

20○○. ○. ○.

위 원고 ○○○ (서명 또는 날인)

○○지방법원 제○○민사부(나) 귀중

그러면 당일 출석이 어려운 경우 어떻게 해야 할까? 변론기일변경신청서를 제출하면 된다. 이때 첫 변론기일은 당사자 간 합의가 있으면 기일변경이 바로 허용되나 그 후의 기일부터는 '현저한 사유가 있는 경우'에만 허용된다.

변론기일변경신청

사   건   20○○가단○○○○○○ 대여금

원   고   ○○○

피   고   ◇◇◇

위 당사자 간 귀원 20○○가단○○○○○○ 대여금 사건에 관하여 변론기일이 20○○. ○. ○. ○○:○○으로 지정되었으나, 원고는 원고가 주장하는 바를 입증하기 위한 증거를 제출하기 위하여 원고가 피고를 고소하여 기결정된 관련 형사사건기록을 열람·등사 신청할 계획입니다. 따라서 원고가 위 기록을 확보한 후 충실한 변론을 할 수 있도록 위 변론기일을 변경 신청하오니 변론기일을 추정하여 주시기 바랍니다.

20○○. ○. ○.

위 원고 ○○○ (서명 또는 날인)

○○지방법원 제○○민사부(나) 귀중

변론기일의 진행

변론기일은 지정된 일시와 장소에서 재판장이 사건번호·사건명·당사자명을 부름으로써 개시된다. 미리 제출된 각종 서면들은 변론기

일에서 진술되어야 비로소 소송상 의미를 가진다.

이는 사실상 재판장이 대신해 준다. 즉 재판장이 "원고가 제출한 소장, 20○○. ○. ○.자 준비서면, 피고가 제출한 답변서, 20○○. ○. ○.자 준비서면을 진술합니다."라고 하는 것이다. 이에 대해서는 그냥 "예"라고 답하면 된다. 다만 자신이 제출한 준비서면에 문제가 있다고 생각해서 다시 제출하고자 할 때는 "20○○. ○. ○.자 준비서면은 진술하지 않겠습니다"라고 하면 된다.

그 후 자신의 주장이나 그 이유에 대한 의견을 말하거나 재판장이 질문을 하는 등으로 진행된다. 준비서면 등을 잘 적어놓은 당사자에게는 이 과정이 거의 생략될 수 있다. 반대로 잘 적어놓지 못했다면 재판장의 질문에 난처해질 수 있다. 따라서 미리 준비서면 등을 잘 적어 제출해 놓으면 좋다.

대부분의 사건에서 한 번의 변론기일로 끝나는 경우는 거의 없다. 따라서 다음 기일을 지정하게 되는데 이를 기일의 '속행'이라고 한다. 구체적으로 변론기일은 재판부가 지정하는 일시에 원고·피고가 각각 출석 가능한지를 확인하는 방식으로 지정된다. 이로써 해당 변론기일이 끝나면 다음 변론기일까지 다시 준비서면 등을 제출하고 다음 변론기일에 출석하는 등으로 절차가 반복된다.

참고로 기일이 열렸으나 그 기일에 아무런 소송행위를 하지 않은 채 새로운 기일을 지정하는 경우를 기일의 '연기'라고 한다. 또 기일의 변경·연기·속행을 하면서 다음 기일의 일시를 정하지 않고

물어보기 부끄러워 묻지 못한 생활 속 소송상식

추후에 지정하는 경우도 있는데 이를 기일의 '추후지정'(줄여서 '추정')이라고 한다.

변론기일 불출석의 효과

원고·피고 누가 불출석했는지나 진술을 했는지에 따라 원·피고는 각각 다른 불이익을 당할 수 있다. 즉 원고의 입장에서 소가 취하된 것으로 처리되거나 추가적인 의견을 말하지 못하고 소장 내용만을 보고 판단될 수 있다. 피고의 입장에서 답변서 등을 제출하지 않았을 경우 원고 주장사실이 전부 진실하다고 인정될 수 있고, 답변서 등을 제출한 경우 추가적인 의견을 말하지 못하고 그 서면만으로 판단될 수 있다.

여기에서 불출석은 소송대리인이 선임된 경우 당사자 본인과 소송대리인 모두 불출석한 경우를 말한다. 따라서 이미 졌다고 포기하고 불출석하는 경우가 아니라면 반드시 출석하거나 변호사를 선임해서 대신 출석하게 할 필요가 있다. 일반적으로 변호사가 선임되면 변호사만 출석하는 경우가 많다. 예외적으로 당사자가 출석할 필요가 있는 경우도 있고 소송이 잘 진행되는지 살피기 위해 당사자도 출석하는 경우도 있다.

추가적으로 하고 싶은 말이 있다면? 참고서면

법원이 충분히 공방이 오갔다고 생각하여 판결을 할 만한 상태가 되었다고 보면 변론을 종결한다(끝낸다). 변론이 종결되면 더 이상 준비서면을 제출할 수 없게 된다. 그렇기 때문에 이때 추가적으로 진술하고자 하는 내용이 있다면 실무상 '참고서면'이라는 양식으로 작성하여 제출해야 한다.

준비서면은 변론과정에서 재판부의 심증에 직접적으로 영향을 미치는 주장과 입증을 하는 서면이다. 반면 참고서면은 변론종결 후 판결선고 전에 내는 서면으로 특정한 내용의 강조나 그간의 주장·입증 내용을 정리하고자 할 때 작성·제출한다. 준비서면과 비슷한 측면이 있지만 큰 차이점도 있다.

참고서면은 말 그대로 참고만 할 뿐이기 때문에 판결에 직접 영향을 주는 새로운 주장이나 증거를 적어 제출할 수 없다는 점에서 준비서면과 차이가 있다. 즉 참고서면에 있는 내용이나 자료들은 판결에 반영되지 않으므로 아직 제출하지 못한 중요한 주장·증거가 있다면 절대 참고서면으로 제출해서는 안 된다. 이 경우 반드시 준비서면 형식의 서면을 작성하고 해당 증거를 첨부하여 제출하면서 '변론재개신청서'를 병행하여 제출하여 변론재개신청을 해야 한다.

참고서면은 특히 사건이 복잡하거나 오래 진행된 경우 의미가 크다. 이러한 경우 일목요연하고 간결하게 정리된 참고서면의 제출을 고려해보자.

물어보기 부끄러워 묻지 못한 생활 속 소송상식

08

결과가 나오는 날!
판결선고기일과 출석

재판장은 변론이 종결되면 판결선고기일을 지정한다. 그럼 선고 기일에 출석을 해야 할까? 불출석시 불이익은 없는 것일까?

일부 예외를 제외하고는 변론기일과 별도로 판결선고기일이 잡힌다. 변론기일을 몇 번 거쳐 재판부가 판단을 할 수 있을 정도로 사건이 무르익으면 변론을 종결한다. 이때 마지막 변론기일에 재판장이 판결선고기일을 말해주면서 "판결선고기일에는 출석하지 않아도 됩니다. 판결문은 집으로 보내드립니다."라는 취지의 말을 한다. 그런데 이를 들은 당사자는 혼란스러울 수 있다. 진짜 안 나와도 되는지, 불이익은 없는지, 변호사를 선임한 경우는 다른지 등에 대해 여전히 의문일 수 있다.

먼저 변호사를 선임한 경우를 살펴보자. 변호사를 선임한 당사자들은 변론기일에 변호사가 대신 출석한 것과 같이 선고기일에도 변호사가 대신 출석한다고 생각하는 경우가 많다. 그러나 결과를 빨리 알아야 될 만한 특별한 사건이 아니면 선고기일에 변호사(사무실 직원 포함)는 출석하지 않는다. 그러면 당사자는 출석해야 할까?

출석은 의무가 아니다. 따라서 출석하지 않아도 되고 그에 따른 불이익도 없다. 다만 당사자 입장에서 조금이라도 빨리 결과를 알고 싶으면 출석해도 되는 건 당연하다.

판결선고기일에는 재판장이 주문(원고의 청구에 대한 법원의 답변), 즉 예를 들면 "피고는 원고에게 ○○원의 금원을 지급하라."는 식의 결론만을 읽는 방식으로 선고한다. 물론 필요한 때에는 판결의 이유를 간략히 설명하기도 한다. 이런 경우가 대부분인데 판결의 결과는 '나의 사건검색' 사이트를 통해 쉽게 알 수 있고 판결의 내용은 어차피 판결문을 받아봐야 제대로 알 수 있기 때문에 굳이 출석할 이유가 없다.

결론적으로 민사소송의 경우에는 판결선고기일에는 출석할 필요가 없고 그에 따른 불이익도 없으니 안심해도 된다.

 TIP **판결문은 언제 볼 수 있을까**

판결문의 경우 일반적으로 대한민국 법원 전자소송(ecfs.scourt.go.kr)에는 판결 선고 이후 몇 시간 뒤나 그날 오후 늦게 또는 그다음 날 나온다. 물론 경우에 따라서는 시간이 더 걸리는 경우도 있다. 한편 판결문이 송달되는 경우 판결선고일로부터 10일 정도 지난 후에 도착하는 것이 보통이다.

09

승소의 법칙!
소송에 있어 피해야 할
흔한 착각 유형 6가지

변호사는 말 잘하는 사람이 되는 것이라거나 말 잘하는 사람이 변호사라는 고정관념이 있는 듯하다. 사실 이것도 흔한 착각의 일종이다. 중요한 건 이런 고정관념을 갖고 있는 경우 자신이 말을 잘하니 법정에서 말만 잘하면 쉽게 승소할 수 있다고 생각한다는 점이다. 그래서 이런 사람들은 재판을 너무 쉽게 보고 덤볐다가 큰코다치고 변호사를 찾는 경우가 왕왕 있다.

그런데 소송은 마치 팔씨름 같아서 1심에서의 결과가 무엇보다 중요하다. 그러니 승소를 위해서 피해야 할 대표적인 6가지 유형의 안타까운 착각에 대해 살펴보자.

⚖
첫째, '개떡같이 말해도 찰떡같이 알아듣는다'고
믿는 유형

의뢰인 중에는 다짜고짜 이러저러한 일이 있었는데 내가 정말 억울하지 않겠느냐고 얘기하는 경우가 있다. '계약을 이러저러하게 했는데 왜 양심도 없이 계약대로 이행하지 않는지 모르겠고 상대방이 변명하는 것은 다 거짓말이고 상대방은 나쁜 놈이다'라고 주장만하는 경우이다.

특히 이 경우는 나홀로 소송에서 문제가 되는데 그렇게 자기 얘기만 주절주절 하게 되면 판사가 알아서 잘 판단해주리라 믿는데서 문제가 발생한다. 사실조회나 감정 따위가 필요한 경우도 있고 청구취지가 정리가 안 되어 있는 경우도 있다. 그런데도 그냥 막무가내로 자신의 억울함만을 얘기하는 경우에 판사가 어떻게 알 수 있을지 생각을 한 번 해보면 될 것이다.

법이란 것에는 반드시 주장하고 입증해야 할 '요건사실'이나 '입증책임'이란 것이 있다. 원칙적으로 나에게 유리한 사실은 다 내가 증명해야 한다. 게다가 법이라는 분야 자체가 특히 '아' 다르고 '어' 다른 분야라는 것은 대부분 알고 있을 것이다. 그냥 적당히 소설처럼 자기 이야기를 하는 것 이상이 필요하다.

예를 들어 회계나 세무 분야에 있어 숫자 하나 빠지는 게 얼마나 큰 일인지, 제조업에 있어 재료 하나 빼먹는 게 얼마나 큰 일인지를 생각해보자. 소송을 할 경우에도 사실관계에 대한 제대로 된 설명에 더해 정교하고 치밀하게 짜여진 촘촘한 주장을 이어나가야 한다.

추가로 현실적인 얘기를 하나 더 해보자면 판사들의 경우도 업무가 많아서 하나하나 사건을 챙길 수 없는 경우도 있을 것이다. 이런 상황에서 판사도 사람인지라 이해하기 어렵게 쓰여진 글을 보면 나쁜 인상을 가지게 될 것이고 중요한 부분을 놓칠 수도 있다. 변론 과정에서 판사의 말을 듣다보면 판사가 잘못 이해하고 있다는 티가 날 때도 있다. 그러나 이런 착각에 빠져 있다면 빠르게 지나가는 판사의 말을 듣고 잘못된 부분을 캐치하기가 어려울 수 있다.

결국 자신은 분명히 말했다고 생각하지만 판사에게는 잘 전달되지 않을 수도 있다. 물론 추후 상급심에서 이런 잘못을 바로잡을 수야 있겠지만 그동안의 시간 소모와 마음고생 같은 건 어찌할 수 없다.

🏛
둘째, 형식도 모르고 중언부언하는 유형

소송에서 승소하기 위해서는 제대로 주장하고 입증해야 한다.

그런데 나홀로 소송을 하는 사람들의 서면은 도대체 무슨 말을 하려는 것인지 알 수가 없는 경우가 많다. 한 문장에서 이 얘기 했다가 갑자기 저 얘기 했다가 하는 경우, 같은 얘기를 반복하는 경우 그래서 정작 필요한 사실은 전혀 나타나 있지 않고 크게 의미도 없는 이야기들로 채워진 경우, 심지어 오히려 자신에게 불리한 얘기까지 적어 놓은 경우도 있다. 게다가 그 양이 수십에서 수백 페이지에 달하기도 한다.

이런 경우에 오히려 상대방 변호사가 이런 얘기가 아니냐고 정리를 해주는 경우도 있다. 과연 상대방이 내 주장을 정리해 주는 것이 나에게 득이 될 것인지 실이 될 것인지 잘 생각해보자.

결국 소송은 판사를 설득하는 과정인데 중요한 부분을 형광펜으로 칠해줘도 모자랄 판에 정리가 안 되어 있는 수십에서 수백 페이지 짜리 서류를 던져주면 판사가 어떤 식으로 읽겠는가? 판사에게도 한 사건에 할애할 수 있는 시간은 분명 한정되어 있다.

🏛
셋째, 증거가 중요한 점을 알면서도 어찌어찌 하면 믿어줄거라 믿는 유형

소송은 증거싸움이다.

그럴듯한 개연성 있는 말만으로는 판사를 설득시킬 수가 없다. 예를 들어 상대방이 돈이 없어서 못 갚는 경우처럼 어쩔 수 없는 경우 등을 제외하고 대부분 소송까지 왔다면 상대방에게도 할 말이 있을 것이다. 또 그 역시 개연성이 있는 경우가 많을 것이다. 거짓말이 판치기도 하고 설혹 그렇지 않더라도 말은 만들기 나름이기도 하기 때문이다. 그렇기 때문에 아무도 뭐라고 할 수 없을 정도로 확실한 증거가 필요하다.

물론 대부분의 경우 증거가 전혀 없는 경우는 거의 없다. 다만 중요한 것이 결정적 한 방이 될 만한 부분, 혹은 치명적 약점을 방어할 만한 증거가 없는 경우가 상당히 많다. 이걸 적당히 말로 대충 때우면 되겠지라고 생각했다면 큰 오산이다. 판사는 그런 부분을 반드시 살펴보고 그 부분에 대한 증거가 없는지 물어볼 것이다. 어찌어찌 승소할 수 있다고 안일하게 생각하는 순간 필패이다.

이건 달리 말하면 확실한 증거가 있는 경우 상대방이 변호사든 누구든 어찌하지 못한다는 것이고 이는 너무나 당연한 것이다. 그래서 항상 녹취든 뭐든 특히 사업 등으로 분쟁이 자주 발생하는 생활환경에 처해 있다면 증거를 확보할 수 있도록 이를 생활화까지 할 필요가 있다.

🏛

넷째, 법률적으로 중요한 단어임에도 그게 중요한 단어인지 모르거나 그 반대인 유형

예를 들어 '새로운 법률상 이해관계'가 필요하다고 하는 경우가 있다. 그런데 상대방은 당연히 이 사건에 관련되어 있으니 이해관계가 있다고 생각할 수 있다. 그러나 경우에 따라서는 이러한 '이해관계'가 '소유권 등 물권의 취득자'만을 지칭하는 등 법이나 판례가 이를 한정적으로 인정하는 경우가 있다. 그럼에도 이를 일상 용어처럼 해석해 버린다면 참뜻을 잘못 이해하게 될 수 있다. 대수롭지 않게 생각하고 넘어가다가 패소에 눈물 흘리게 될 수 있다.

또 다른 예로 '선의냐 악의냐'라는 표현은 법률적으로는 '착한 또는 악한 마음으로'란 뜻이 아니라 '몰랐느냐 알았느냐'라는 뜻으로 쓰인다. 이처럼 일상에서 쓰이는 용어와는 전혀 뜻이 다른 경우도 있다. 어려운 단어야 찾아보면 된다지만 이런 용어의 경우는 쉽게 보여서 오히려 실수를 유발할 수 있는 법률용어라 문제가 될 소지가 크다.

반대로 일반 소송을 하면서 헌법상 기본권을 주장하는 경우도 있다. 예를 들어 명예훼손의 경우 민사상 불법행위로, 형사상 명예훼손죄로 각 다루어지고 헌법은 이러한 개별 규정을 통해 간접적으로만 작용한다는 측면에서 굳이 언급할 필요가 없다. 헌법까지 간다는 것은 정말 쓸 얘기가 없거나 헌법 재판까지 고려할 경우에나 필요하다. 경우에 따라서는 내 주장을 흐릴 수도 있기 때문이다.

물어보기 부끄러워 묻지 못한 생활 속 소송상식

다섯째, 변호사는 다 알고 변호사만 잘 선임하면 지는 사건도 이긴다고 착각하는 유형

의사와 같이 변호사의 경우도 전반적인 법 지식과 법 해석 능력은 갖추었으나 자기 전문분야 이외의 분야에서 바로 정답을 말할 수 있는 경우는 많지 않다. 요즘은 의뢰인들도 대부분 인터넷으로 검색을 하고 온다. 이는 바꿔 말하면 일단 변호사와 상담할 만한 사건의 경우 검색으로 해결이 안되는 쉽지 않은 사건인 경우가 대부분이라는 의미이다.

물론 변호사의 노력 정도에 따라 어느 정도 커버는 가능하다. 그러나 바로바로 답변이 나온다면 그건 의뢰인이 정확하게 법을 모르기 때문에 변호사도 적당히 설득력 있는 말을 뱉는 경우일 수 있다. 의사의 경우라면 일반적인 건강 관련 애기는 할 수 있겠지만 자신의 전문분야를 넘어서는 경우라면 완벽한 정답을 주기는 어려울 것이다. 변호사의 경우도 마찬가지이다.

변호사에게 승소가능성에 대해 묻는 경우가 많다. 그런데 다툼의 여지 없이 주장이나 증거 등이 완벽히 갖추어진 예외적인 경우를 제외하고 정확한 퍼센트를 말하는 건 사실 불가능하다. 즉 무조건 승소할 상황이지만 상대방이 무조건 이행할 생각이 없거나 이행할 수 없는 경우에 소송을 제기한 경우처럼 예외적인 경우에만 변호사가 승소가능성을 답할 수 있다. 이런 경우는 사실 100%나 마찬가지라 굳이 답을 들을 필요도 없다.

이렇게 변호사가 승소 가능성을 말하기 어려운 이유는 소송은 살아있는 생물 같아서 증거 하나에 쉽게 뒤집어 질 수 있기 때문이다. 의뢰인의 증거도 더 확인해봐야 할 부분이 있는 상황이 대부분이다. 이에 더해 상대방의 증거 자체나 특정 증거의 감정의 결과를 예측해야 한다. 그러나 이는 불가능에 가까우므로 승소 가능성을 정확히 말한다는 것은 불가능하다.

참고로 반대로 말하면 증거가 명확한데 법이론적인 주장만 해야 하는 경우는 어느 정도 명확하게 답변할 수 있다는 말이다. 현실적인 얘기를 하나 더 하자면 수임을 생각하는 변호사는 아무래도 가능성이 있다는 방향으로 말하는 게 보통일 것이다. 즉 처음부터 변호사는 수임이라는 목적으로 인해 편향된 시각으로 말할 가능성이 높다.

🏛

여섯째, 변호사가 있으면 내가 사건을 신경 쓰지 않아도 모든 일이 잘 처리될 것이라고 착각하는 유형

변호사의 능력도 능력이지만 특히 바쁜 경우 일일이 제대로 처리하고 싶어도 처리하지 못하는 경우가 있다. 그러니 자신의 사건은 자신도 철저히 챙겨야 한다. 또한 변호사는 일의 순서나 중요도가 명확하게 정해져 있지는 않은 여러 사건을 처리하므로 지나치지 않을 정도로 변호사에게 내 사건 처리를 독촉할 필요도 있다.

 TIP   **이럴 때 변호사를 찾아라**

① 판사가 날짜를 정해주면서 주장 정리, 관련 증거 제출, 감정신청 요청 등을 요구하거나 피고를 상대로 소송하는 게 맞는지 검토해 보라고 하는 등 권고를 하는 경우
② 판사가 나에게 불리해 보이는 서류를 스크린에 띄워서 설명을 요구하는 경우
③ 판사가 사실조회신청, 증인신청, 감정신청 등 나의 각종 신청을 잘 안 받아주는 경우

이러한 경우는 내 주장이나 입증이 부족한 경우이거나 판사의 심증이 굳어진 상황인 경우이므로 반드시 특별한 액션이 필요한 경우이다. 따라서 이러한 경우에는 변호사 상담을 받길 권한다.

2장

—

소장을
받았다면

피고 입장에서는 소장 부본(원본과 똑같이 만든 서류)을 받고 당황하여 자신이 앞으로 어떻게 해야 하는지 잘 모를 수 있다. 반대로 소장 부본과 같이 송달받은 안내문의 내용에도 불구하고 원고의 주장이 너무 황당하여 답변할 가치도 없다고 생각하고 이를 무시할 수 있다. 그러나 당황했든 황당하든 어느 경우에나 피고가 적절한 대응을 하지 않는다면 낭패를 볼 수 있다. 여기서는 피고의 입장에서 소장을 받게 되었을 때의 대처 방법에 대해 살펴본다.

01

억울하거나 다퉈야 할 게 있다면?
답변서

소장 부본을 받은 피고는 다툴 생각이라면 그 송달을 받은 날로부터 30일 이내에 '답변서'를 제출하여야 한다. 만약 30일 이내에 답변서를 제출하지 않거나 원고의 주장사실을 모두 자백하는 내용의 답변서를 제출하면 어떻게 될까? 원칙적으로 법원은 변론 없이 바로 판결선고기일을 지정하고 원고승소의 판결을 내릴 수 있다. 이를 '무변론판결'이라 한다.

기한 내에 답변서를 제출하지 못했더라도 크게 걱정할 필요는 없다. 피고가 그 후에 언제든지 판결선고 전까지 다투는 취지의 답변서를 제출하면 무변론판결을 선고할 수 없기 때문이다. 이때는 법원이 지정된 판결선고기일을 취소하고 새로운 변론기일을 지정하여 민사소송 절차로 진행된다.

그러나 가능하면 30일 이내에 '추후 상세한 답변서를 제출하겠다'는 내용의 형식적인 답변서라도 작성·제출하고 그 후 상세한 답변서를 제출하는 방식을 택하자. 여러 측면에서 이러한 방식이 더 좋기 때문이다.

답 변 서

사	건	20○○가단○○○○○○ 대여금
원	고	○○○
피	고	◇◇◇

위 사건에 관하여 피고는 다음과 같이 답변서를 제출합니다.

청구취지에 대한 답변

1. 원고의 청구를 기각한다.
2. 소송비용은 원고가 부담한다.
라는 판결을 구합니다.

청구원인에 대한 답변

추후 상세한 답변서를 제출하겠습니다.

20○○. ○. ○.
위 피고 ○○○ (서명 또는 날인)
○○지방법원 제○○민사부(나) 귀중

물어보기 부끄러워 묻지 못한 생활 속 소송상식

답변서에는 당사자나 사건표시 등 형식적 기재사항 외에 '청구취지에 대한 답변'과 '청구원인에 대한 답변'을 적어야 한다. 청구취지에 대한 답변에는 소각하(소송으로 다툴 자격도 없다)를 구하는지, 청구기각(소송으로 다툴 자격은 있지만 이유가 없다)을 구하는지를 적으면 된다. 청구원인에 대한 답변에는 자신의 주장에 관한 공격·방어, 상대방의 주장에 관한 공격·방어, 자신의 증거와 상대방의 증거에 관한 내용 등 피고의 반박 내용을 모두 적으면 된다.

　피고의 경우에도 답변서 제출 이후에 하고 싶은 말이나 원고의 준비서면에 반박할 내용이 있다면 동일하게 준비서면을 제출하면 된다. 결국 답변서도 (형식적인 측면에서 약간의 차이는 있지만) 일종의 준비서면이므로 특별히 피고의 첫 번째 준비서면을 '답변서'라고 부른다고 이해하면 된다. 기타 준비서면이나 변론기일 등에 대해서는 원고의 경우를 참조하자.

 각하와 기각

· '각하'는 검토받을 자격(요건)도 갖추지 못하여 검토없이 돌려보내는 것을 말한다. 예를 들어 도롱뇽을 원고로 하면 각하가 된다.
· '기각'은 검토받을 자격(요건)은 인정하여 검토는 하지만 검토 결과 타당한 이유가 없어 받아들이지 않는다는 것이다. 이는 패소를 의미한다.
※ 참고로 검토 후 타당한 이유가 있어 받아들이는 것을 '인용'이라고 한다. 이는 승소를 의미한다.

더 알아보기

다투는 걸 넘어서 나도 받아야 할 게 있다면? 반소

피고 역시 원고에게 청구할 게 있다면 당연히 소송을 제기할 수 있다. 이 경우에 별도의 소(별소)로 제기할 수도 있지만, 원고와의 본래 소송절차(본소)에서 소를 제기할 수도 있다. 이를 '반소'라고 한다. 즉 반소란 소송 계속 중에 피고가 같은 소송절차에서 심판해 달라고 원고에 대하여 제기하는 소이다.

예를 들어 임대인인 원고가 임차인인 피고에게 '건물을 인도하라'는 인도 소송을 하는 중에, 피고는 '보증금을 반환하라'는 보증금반환청구소송을 반소로 제기할 수 있다. 참고로 반소에서 피고는 '반소원고'가, 원고는 '반소피고'가 된다. 실무상 반소가 제기되면 별도 사건번호를 부여한다.

반소는 피고가 단순히 방어를 하는 것을 넘어 적극적 내용을 주장해야 될 수 있다. 또 반소가 인정되기 위해서는 일정한 요건이 필요하다. 반소가 본소와 관련이 있어야 하고 소송절차를 현저히 지연시키지 않아야 한다는 것 등이다.

반소를 제기하려면 반소장을 제출하면 된다. 피고를 반소원고로, 원고를 반소피고로 기재하는 등 용어의 사용에 있어 일부 차이 및 재판부가 이미 정해져 있음에 따른 일부 차이를 제외하고는 소장에 준한다고 보면 된다.

누가 증명해야 하는가?

증명책임

법원이 법규를 적용해 판단을 하려면 사실관계가 먼저 확정되어야 한다. 당사자 간에 인정한 사실, 즉 다툼 없는 사실은 그대로 인정되지만 다툼 있는 사실은 증거로 증명해야 한다. 따라서 소송은 증거싸움이 된다. 그런데 이 증거는 누가 제출해야 하는가? 사실 굉장히 복잡할 수도 있는 문제이므로 '증명책임'에 대해서는 간단하게만 살펴보자.

원칙적으로 각 당사자는 자기에게 유리한 사실의 주장증명책임을 부담한다. 예를 들어 대여금청구소송에서 원고는 '돈을 빌려줬다'고 주장한다. 이에 대해 피고는 '빌린 적이 없다'고 할 수도 있고 '갚았다'고 할 수도 있다.

만약 피고가 빌린 적이 없다고 하면 빌려준 사실에 대해 원고가 차용증, 이체내역, 메신저 대화내역 등의 증거를 제출하여 증명해야 한다. 반면 피고가 갚았다고 할 경우 이 말 속에는 피고가 빌린 사실이 전제되므로 이는 그대로 인정되고 피고가 갚았다는 별개의 사실을 들었기 때문에 갚았다는 사실에 대해 피고가 영수증, 이체내역, 메신저 대화내역 등의 증거를 제출하여 증명해야 한다.

참고로 예외적으로 법조문 등에 의해 이러한 증명책임이 상대방에게 전환되는 경우도 있고, 공해소송·의료과오소송·유해물질 관련 산재 소송·제조물책임소송 등 특수소송에서처럼 당사자의 입증부담을 덜어주는 경우도 있다.

3장
—
소송의
종료

소의 제기로 소송이 시작되면 당사자 쌍방의 공방을 거쳐 사건에 대한 판단이 가능해지는 단계가 된다. 이때 법원은 판결을 선고한다. 이에 대해 원고나 피고 등 그 누구의 불복도 없으면 그 판결이 확정되고 소송은 종료한다. 이처럼 소송은 판결의 확정에 의해 종료되는 것이 일반적인 모습이다. 그러나 소송이 판결에 의하지 않고 종료되는 경우도 종종 발생한다. 소의 취하, 재판상화해, 청구의 포기·인낙(인정하여 승낙함) 등이 있다. 이는 판결에 이르지 않고 소송이 종료되는 경우이므로 이를 먼저 살펴보고 판결에 대해서는 그 뒤에 설명하기로 한다.

판결에 의하지 않고
종료되는 경우?

소송절차는 법원의 판결에 의하지 않고도 종료될 수 있는 경우가 있다. 여기서는 그중 당사자의 소송행위로써 종료하는 경우인 소의 취하, 재판상화해, 청구의 포기·인낙(인정하여 승낙함)에 대해서 살펴보자.

🏛
소의 취하

소의 취하는 원고가 소를 철회하는 것을 말한다. 보통은 원고가 소를 제기한 후에 피고가 이행을 하거나 이행을 해주기로 약속한 경우 또는 원고가 소제기가 잘못된 것임을 깨달은 경우에 주로 한다. 실무상 소송 외에서의 소취하합의에 따라 소취하가 되는 경우도 흔하다. 이러한 합의에도 원고가 소를 취하하지 않으면 피고가 항변하여 소가 각하되도록 할 수 있다.

소취하는 소제기 후 판결이 확정되지 전까지 언제라도 할 수 있다. 원칙적으로 소송이 계속된 법원에 소취하서를 제출해야 한다. 소취하서를 제출하면 원고가 임의로 이를 철회할 수 없다.

만약 피고가 준비서면을 제출하는 등으로 소에 응하는 태도를 보인 경우에는 피고의 동의를 받아야 소취하가 유효해진다. 명시적 동의가 없더라도 소취하서가 송달된 날부터 2주 이내에 상대방이 이의를 제기하지 않은 경우에는 동의한 것으로 본다. 참고로 소취하는 착오를 일으켰다거나 사기나 강요를 당해서 한 경우라도 원칙적으로 무효가 아니고 이를 취소할 수도 없다.

재판상화해

화해란 당사자가 일정한 법률관계에 관하여 서로 양보하여 합의로써 서로간의 다툼을 마치는 것을 말한다. 화해는 크게 나누면 재판 외의 화해와 법관 앞에서 하는 재판상의 화해가 있다. 후자는 다시 소제기 후 소송절차 내에서 하는 소송상의 화해, 소제기 전에 지방법원 단독판사 앞에서 화해신청을 하여 하는 제소전 화해로 나뉜다. 이중 소송절차의 종결사유인 소송상화해를 살펴보자.

소송상화해는 소송계속 중 어느 때나 할 수 있다. 쌍방의 화해진술이 있고 유효하다면 화해조서가 작성된다. 이 조서는 확정판결과 같은 효력을 가진다. 따라서 그 소송은 확정적으로 종료된다. 참고로 당사자가 화해에 이르지 않더라도 법원 주도로 화해를 성사시킬 방안의 하나로 화해권고결정 제도가 마련되어 있다.

🏛
청구의 포기·인낙(인정하여 승낙함)

청구의 포기는 '원고'가 소송계속 후 그 청구에 관하여 이유가 '없음'을 인정하고 소송을 종료시키는 것이다. 청구의 인낙은 '피고'가 소송계속 후 기일에서 원고의 청구에 관하여 이유가 '있음'을 인정하고 소송을 종료시키는 것이다. 실무상 청구의 일부포기는 종종 있지만 전부포기는 매우 드물다. 피고가 원고청구를 인정할 경우 대개 무변론판결로 처리되므로 청구의 인낙도 매우 드물다.

청구의 포기·인낙은 소송계속 중이면 언제라도 할 수 있다. 청구의 포기·인낙의 진술이 있고 유효하다면 청구의 포기·인낙조서가 작성된다. 포기조서는 청구기각의 확정판결(원고 패소 판결)과 같은 효력을 가지고, 인낙조서는 청구인용의 확정판결(원고 승소 판결)과 같은 효력을 가진다. 각각 해당 소송을 종료시키는 효과가 있다.

판결의
종류와 효력

법원·법관의 판단표시행위를 '재판'이라고 한다. 재판의 종류로
는 판결, 결정, 명령이 있다. 이들은 여러 가지 측면에서 차이가 있
으나 이 중 가장 중요한 것은 판결이므로 이에 대해서만 살펴보기
로 한다.

판결의 종류

판결에는 종국판결과 중간판결이 있다.

중간판결은 말 그대로 심리 중의 쟁점에 대해 종국판결 전에 미
리 판단하여 다툼을 해결하는 판결이다. 종국판결 선고시에 중간판
결의 판단을 전제로 해야 하므로 뒤늦게 다른 말을 하지 못하게 된

다. 중간판결은 쟁점에 대해 중간에 한 번 정리하고 가는 것으로 보면 된다.

그러나 중간판결은 그 심급의 절차를 종결시키는 효과를 가지지 않는 판결이고 실무상 중간판결을 하는 경우는 드물다. 그렇기 때문에 여기서는 종국판결과 그 부수적 재판인 소송비용부담재판, 가집행선고를 위주로 살펴본다.

종국판결

종국판결이란 그 심급의 절차를 종결시키는 효과를 가진 판결을 말한다. 보통 판결이라고 하면 종국판결을 의미한다. 이에는 여러 종류가 있으나 중요한 몇 가지만 살핀다.

본안판결과 소송판결이 있다. 본안판결은 원고의 청구에 대하여 판단하는 판결이다. 청구에 이유가 있다고 하는 청구인용판결은 '원고승'으로, 이유가 없다고 하는 청구기각판결은 '원고패'로 표현된다. 이 둘이 합해진 청구의 일부인용판결은 '원고일부승'으로 표현된다. 소송판결은 소나 상소가 그 요건을 갖추지 못해 부적법하다는 이유로 소·상소를 각하하는 판결을 말한다. 본안판결을 받을 자격도 갖추지 못해 본안판결을 거부한다는 의미이다.

소송판결은 '이 사건 소를 각하한다'라고 표현되고, 청구기각판결은 '원고의 청구를 기각한다'라고 표현된다. 청구인용판결의 경우

물어보기 부끄러워 묻지 못한 생활 속 소송상식

소장에 기재된 '청구취지'에 따라 다르게 표현된다. 이행판결은 "피고는 원고에게 ~하라."라는 식으로, 확인판결은 "~는 ~임을 확인한다"라는 식으로, 형성판결은 "원고와 피고는 ~한다"라는 식으로 표현된다.

종국판결의 부수적 재판 : 소송비용부담재판 및 가집행선고

판결 주문(판결의 결론)에서는 본안 판단 이외에도 소송비용부담재판과 가집행선고를 한다.

소송비용부담재판은 원·피고 중 누가 어떤 비율로 소송비용을 부담할지를 정하는 재판이다. 예들 들어 '소송비용 중 1/3은 원고가, 나머지는 피고가 각 부담한다'고 한다. 판결 주문에서는 부담 비율만 정하고, 액수는 나중에 별도 신청에 의한 소송비용액 확정결정 절차에서 정한다.

가집행선고는 미확정 종국판결에 미리 집행력을 주는 재판이다. 예를 들어 '제1항은 가집행할 수 있다'고 한다. 원래 판결은 확정되어야만 집행력이 생기지만 승소자의 신속한 권리실현을 위해 판결 확정 전에 미리 강제집행을 할 수 있도록 하려는 것이다. 가집행선고는 원칙적으로 '재산권의 청구' 중 특정 판결에서만 허용된다.

만약 상소심에서 가집행선고나 그 본안판결이 바뀌면 가집행선고는 그 한도에서 효력을 잃고 원고는 가집행으로 인한 원상회복 및 손해배상을 해야 한다.

🏛 판결의 효력

판결이 선고되어 유효하게 성립하면 효력이 발생한다. 이러한 효력으로는 판결법원에 대한 기속력, 당사자에 대한 형식적 확정력, 판결의 내용에 따른 효력인 기판력·집행력·형성력 등이 있다. 이를 간단히 요약하여 설명하자면 결국 판결에는 그 판결의 결론에 대해 누구도 딴소리를 하지 못하게 하는 힘과 그 판결의 결론대로 실현시켜 주는 힘이 있다고 할 수 있다.

물어보기 부끄러워 묻지 못한 생활 속 소송상식

03

판결에 불만이 있다면?
불복절차

재판에 불만이 있는 경우 불복신청을 할 수 있다. 이에는 재판이 확정되었는지에 따라서 확정전에 하는 보통의 불복신청과 확정 후에 하는 불복신청이 있다. 전자에는 상급법원에 대한 상소 및 같은 심급법원에 대한 이의가 포함되고, 후자의 대표적인 예가 재심이다. 여기서는 재판의 확정 전에 당사자가 상급법원에 대하여 그 재판의 취소·변경을 구하는 불복신청인 상소 중 특히 판결에 대한 것만 살펴본다.

판결에 불만이 있다면 상소를 해야 하는데 판결에 대한 상소에는 항소와 상고가 있다. 항소는 제1심 법원의 종국판결에 대한 불복신청이다. 상고는 제2심 법원의 종국판결에 대한 불복신청이다.

상소는 상소(항소·상고)장을 원심법원(원래 사건을 담당하고 있던 법원)

에 제출함으로써 한다. 참고로 전자소송에서는 원래 자신의 사건에서 '소송서류제출'하면 되므로 원심법원의 의미에 대해 신경쓸 필요가 없다는 점에서 편하다. 항소·상고는 판결서가 송달된 날부

 TIP **항소취지 작성예시**

항소장에서 특히 까다로운 부분은 항소취지 부분이다. 항소취지는 항소인이 원고인지 피고인지, 전부패소인지 일부패소인지에 따라 달리 기재해야 한다. 아래 예를 참고하자.

원고가 전부패소하여 원고가 항소인인 경우	원고가 전부승소하여 피고가 항소인인 경우
1. 원판결을 취소한다. 2. 피고는 원고에게 OOO원을 지급하라. 3. 소송비용은 1, 2심 모두 피고가 부담한다. 4. 제2항은 가집행할 수 있다. 라는 판결을 구합니다.	1. 원판결을 취소한다. 2. 원고의 청구를 기각한다. 3. 소송비용은 1, 2심 모두 원고가 부담한다. 라는 판결을 구합니다.
원고가 일부승소하여 **원고가 항소인인 경우**	**원고가 일부승소하여** **피고가 항소인인 경우**
1. 원판결 중 원고 패소 부분을 취소한다. 2. 피고는 원고에게 OOO을 지급하라. 3. 소송비용은 1, 2심 모두 피고가 부담한다. 4. 제2항은 가집행할 수 있다. 라는 판결을 구합니다.	1. 원판결 중 피고 패소 부분을 취소한다. 2. 취소 부분의 원고의 청구를 기각한다. 3. 소송비용은 1, 2심 모두 원고가 부담한다. 라는 판결을 구합니다.

터 2주 내에 제기해야 한다. 만약 상소장에 상소이유를 적지 않았다면 상소(항소·상고)이유서를 제출해야 한다.

항소심은 1심과 거의 비슷하게 흘러간다. 다만 당사자를 원고·피고가 아니라 항소를 한 사람을 항소인, 그 상대방을 피항소인으로 부르게 되는 등 용어에서 약간의 차이는 있다.

상고는 항소와 공통점도 많으나 중요한 차이가 있다. 상고심은 법률심이기 때문에 상고심에서는 새로운 사실을 주장하거나 새로운 증거를 제출할 수 없고 원심의 사실관계를 전제로 재판을 한다. 또 상소이유서 제출기간에 차이가 있다(항소이유서는 40일<2025. 3. 1. 시행>, 상고이유서는 20일). 상고심은 서면심리가 원칙이다.

상고심의 경우 효율적인 대법원 재판을 위한다는 이유로 심리불속행 제도가 도입되어 있다. 이는 본안심리를 하지 않고 상고기각 판결을 송부하는 제도이다. 이 경우 판결이유를 적지 않아도 되므로 소송 당사자들이 패소 이유를 알 수 없다는 문제가 있다.

 TIP 항고

재판은 그 주체와 방식, 효력 등에 따라 판결, 결정, 명령으로 구별된다. 중요한 사항은 판결로 하고, 비교적 가벼운 사항은 결정이나 명령의 방식이 이용된다. 이들은 불복방법에서도 차이가 있는데, 항고는 이러한 판결 외의 재판인 결정·명령에 대한 상소를 말한다.

판결이 확정되어도 솟아날 구멍이 있다?
재심절차

확정판결에서 '확정'이라고 해놓고 다시 쉽게 손을 댈 수 있다면 당사자를 포함한 국민이 재판을 신뢰하고 이를 기준으로 행동을 할 수가 없다. 그러나 그냥 지나칠 수 없는 중대한 흠이 있어 가만히 두면 매우 부정의한 경우 이러한 확정판결을 고쳐서 정의가 회복되도록 하지 않으면 재판에 대한 신뢰가 무너져 사회가 불안정해진다. 이런 기존의 확정판결을 취소시키는 소가 바로 '재심'이다.

재심은 상소와는 다른 특별한 불복신청이며, 4심이 아니다. 재심을 제기한다고 확정판결의 집행이 정지되지 않으므로 집행을 정지하려면 별도의 집행정지결정을 받아 집행법원에 제출해야 한다. 재심을 통해 이익을 얻을 사람이 재심원고, 상대방이 재심피고가 된다.

재심의 경우 특히 확정판결에 대한 재심리를 개시하기 위한 재심사유가 있어야만 하고 이를 특정하여 주장해야 한다. 재심사유는 문서의 위조·변조, 증인 등의 허위진술 등 11개가 법에 열거되어 있다. 재심은 이러한 사유가 있는 경우에 한하여, 일정한 기간 내에(예외 있음), 별도로 소를 제기하는 방식으로만 허용된다. 재심의 소는 재심대상인 판결을 선고한 법원, 즉 취소대상 확정판결이 1심판결이면 그 1심법원에, 대법원 판결이면 대법원에 제기해야 한다.

물어보기 부끄러워 묻지 못한 생활 속 소송상식

PART

4

처벌을 바란다면?
형사소송!

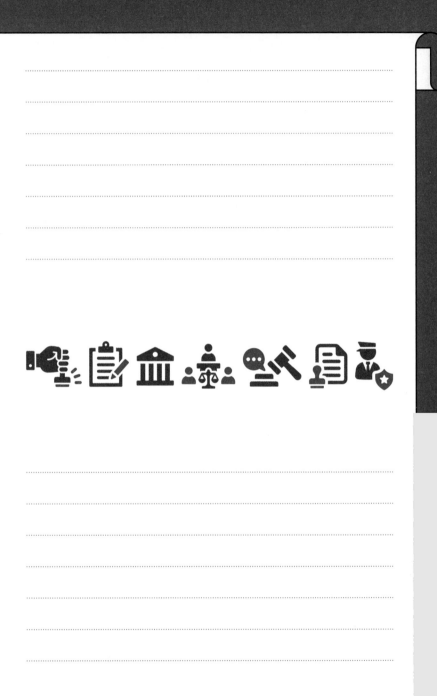

1장
—

내가 피해자라면?
고소!

당연한 말이지만 모든 범죄가 처벌로 이어지지 않는 건 물론이고 수사조차
도 개시되지 않는 경우가 많다. 수사는 수사기관이 어떤 사건에 대해 알고
범죄혐의가 있다고 생각할 때 개시되기 때문이다. 이렇게 수사를 개시하게
하는 원인을 수사의 단서라 한다. 수사단서에는 현행범인체포나 언론보도
등 수사기관 자신이 직접 알게 되는 경우가 있다. 반면 타인에 의해 알게
되는 경우도 있는데 그 대표적인 경우가 바로 고소이다.

내가 피해자라서 가해자가 처벌되기를 바란다면 범죄가 있다고 바로 수사가 개시되지 않는 상황에서 '범죄 → 수사 → 처벌'로 이어지도록 고소를 할 필요가 있다. 수사기관이 범죄혐의를 확인하기 위해 내사단계를 거쳐 '범죄인지'에 의해 수사가 개시되는 다른 수사단서와 달리 고소(+고발·자수)가 있는 경우 원칙적으로 즉시 수사가 개시되기 때문이다. 이에 따라 피고소인이 피의자의 지위를 갖게 된다.

고소는 범죄의 피해자, 기타 고소권자가 수사기관에 대해 범죄사실을 신고하여 범인의 처벌을 구하는 의사표시를 말한다. 참고로 일반적인 고소는 고소기간의 제한이 없기 때문에 공소시효가 완성될 때까지 언제든지 고소할 수 있다. 그러나 친고죄(검사의 공소제기를 위해 고소가 있어야 하는 범죄)의 경우 범인을 알게 된 날로부터 6개월을 경과하면 고소하지 못한다.

결론적으로 고소인은 '고소 → 수사 → 송치 → 기소 → 재판 → 재판집행(처벌)'로 이어질 수 있도록 고소장을 잘 작성하는 것이 무엇보다 중요하다.

여기서는 피해자의 입장에서 고소와 관련된 전반적인 흐름을 알아보고 각 단계에서 필요한 지식들에 대해 살펴본다.

· 형사소송절차의 흐름 ·

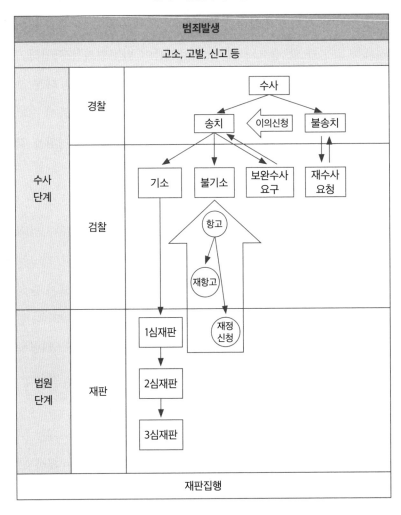

- 송치 & 불송치 : 경찰이 범죄 혐의가 있다고 판단할 때 검찰에 사
  건을 넘기는 것을 송치라 하고, 경찰이 혐의가 없다고 판단하여
  형사사건을 종료시키는 것을 불송치라 한다.

물어보기 부끄러워 묻지 못한 생활 속 소송상식

- 기소 & 불기소 : 검사가 유죄라고 판단할 때 법원에 심판을 요구하는 것을 기소라 하고, 검사가 여러 이유로 기소하지 않거나 기소가 불가능해짐으로써 사건을 종결하는 것을 불기소라 한다.

- 항고 & 재항고 & 재정신청 : 검사의 불기소결정에 불복하여 검찰조직 내부의 상급기관에 그 시정을 구하는 제도를 항고라 하고, 항고를 기각하는 처분에 대해 다시 검찰내부의 더 상급기관에 불복하는 것을 재항고·다시 법원에 불복하는 것을 재정신청이라 한다.

01

내 편이 아닌 경찰을
설득하는 고소장 작성법

원래부터 경찰의 업무 과중이 문제가 되고 있던 상황에서 특히 검경수사권 조정 등의 일련의 변화로 인해 경찰 권한이 늘어난 만큼 일도 더 많아졌다. 또 민사소송 등으로 해결해야 할 문제를 상대를 압박하기 위한 수단으로 억지로 무리하게 고소를 이용하는 경우도 있다. 이러한 점들이 의미하는 바는 경찰의 가용 가능한 시간에 물리적 한계가 있는 상황이라는 것이다. 결국 경찰이 나의 사건에 할당할 수 있는 시간 자체가 줄어들고 있다.

들리는 바에 따르면 경찰관 1명당 한 달에 3~40건을 처리한다고 한다. 이런 상황에서 특히 언론이 주목하는 사건이라도 생겼다 싶으면 나의 사건은 완전히 후순위로 밀려날 것이다. 따라서 어설프게 고소하면 경찰이 아예 안 받아주는 수준으로 취급될 수 있다. 그렇지 않더라도 결국은 경찰이 범죄가 안된다고 판단하여 불송치결정을 할 가능성이 높다. 이렇게 되면 이걸 뒤집는 건 하늘의 별 따기다. 이의신청도 가능하지만 역시 기대할 게 못 된다.

따라서 고소를 진행하고자 하는 경우 처음 고소장을 작성하는 단계부터 변호사와 함께 하는 게 가장 좋겠지만 사정상 혼자 해야 한다면 정말 제대로 준비하여야 한다. 그러면 나홀로 고소장 작성법! 바로 시작해보자.

🏛 고소장 작성법

고소장 역시 법에 정해진 양식은 없으나 일반적으로 사용되는 양식이 있으므로 이를 활용하면 고소인이나 이를 받는 경찰이나 모두 편하다. 참고로 결국 고소장은 경찰이라는 사람이 보는 것이기 때문에 손글씨로 적기보다는 보기 편하도록 타이핑을 하여 제출하도록 하자.

양식은 아래의 경로에서 다운받아 작성하자.

· 경찰 민원포털(minwon.police.go.kr) → 고객센터 → 민원서식 → 수사 → 고소장
· 대한법률구조공단(klac.or.kr) → 법률서식/상담사례 → 형사소송

고 소 장

1. 고소인

성 명 (상호·대표자)	나피해	주민등록번호 (법인등록번호)	841111- 1111111
주 소 (주사무소 소재지)	서울특별시 ○○○		
직 업	의사	사무실 주소	
전 화	(휴대폰) 010-1111-1111 (자택) (사무실)		
이메일			
대리인에 의한 고소	□ 법정대리인 (성명 : , 연락처) □ 고소대리인 (성명 : , 연락처)		

2. 피고소인

성 명	이억만	주민등록번호	
주 소	대전시 ○○		
직 업	부사장	사무실 주소	서울시 ○○○
전 화	(휴대폰) 010-2222-2222 (사무실)		
이메일			
기타사항			

3. 고소취지

고소인은 피고소인을 <u>사기죄</u>(형법 제347조)로 고소하오니 처벌하여 주시기 바랍니다.

4. 범죄사실

고소인은 20○○. ○. ○. 서울 ○○에 위치한 ○○카페에서 대학교 친구인 피고소인을 만났는데, 피고소인이 "집을 샀는데 잔금이 부족하다. 내가 팔려고 내놓은 집 중도금이 10일만 있으면 들어오니 2억 원을 며칠만 빌리자."라고 하여 당일 차용증을 받고 2억 원을 피고소인의 계좌로 이제하는 방법으로 빌려주었습니다. 그러나 피고소인은 6개월이 지난 지금까지도 빌려간 돈을 갚지 않고 있고 고소인의 연락을 회피하고 있습니다. 그런데 피고소인은 위 돈을 잔금 지급 용도로 사용한 것이 아니라 유흥비로 사용하였습니다. 따라서 피고소인은 고소인을 기망하여 2억 원 상당의 피해를 입게 하였습니다.

5. 고소이유
가. 당사자들의 관계

고소인과 피고소인은 20○○. ○○대학교 ○○학과 동기로 1학년 때부터 가깝게 지낸 10년 지기 친구 사이입니다.

나. 이 사건의 경위

고소인은 대학교 친구인 피고소인과 대학교 졸업 이후 간간이 연락만 해오고 있었습니다. 그러던 중 피고소인이 20○○. ○. ○. 고소인에게 한 번 만나자는 연락을 하였고, 고소인은 약속한 20○○. ○. ○. 서울 ○○에 위치한 ○○카페에서 대학교 친구인 피고소인을 만나게 되었습니다. 고소인과 피고소인이 대화를 나누던 도중 피고소인은 "집을 샀는데 잔금이 부족하다. 내가 팔려고 내놓은 집 중도금이 10일만 있으면 들어오니 2억 원을 며칠만 빌리자."라고 하였습니다. 고소인은 피고소인이 고가의 ○○차를 운전하여 위 카페에 온 것을 보았기 때문에 돈을 돌려받지 못할 것이라는 생각은 전혀 하지 못하고 흔쾌히 당일 차용증을 작성하고 2억 원을 피고소인의 ○○은행 ○○○-○○○○○○-○○○○○ 계좌로 이제하는 방법으로 빌려주었습니다(증 제1호증 차용증, 증 제2호증 이체내역서).

그러나 피고소인은 돈을 갚기로 한 날인 ○○. ○. ○.에 돈을 갚지 않았고, 6개월이 지난 지금까지도 빌려간 돈을 전혀 갚지 않고 있습니다. 현재 피고소인은 고소인의 연락을 회피하고 있으며 피고소인의 소재도 파악되지 않는 상황입니다.

그런데 고소인이 알아본 바에 따르면 피고소인은 위 돈을 위 부동산매매 잔금 지급 용도로 사용하지 않고 유흥비로 모두 탕진하였습니다(증 제3호증 피고소인 인스타그램 캡처). 따라서 피고소인은 고소인에게 용도를 기망하여 2억 원 상당의 돈을 빌려간 후 이를 갚지 않아 동액 상당의 피해를 입게 하였습니다.

다. 결어

피고소인은 용도사기 범죄를 저지른 것이 명백한 것으로 보이고, 피고소인의 위 고가의 ○○차 역시 피고소인이 잠깐 렌트한 것으로 아는 바 피고소인이 돈을 빌릴 당시 이미 변제할 의사와 능력을 가지고 있지 않았던 것으로 생각됩니다. 따라서 이러한 점을 고려하여 신속한 수사로 사건의 진상을 철저히 밝혀 고소인에게 억울함이 없도록 하여 주시기를 간곡히 요청드립니다.

6. 증거자료

☐ 고소인은 고소인의 진술 외에 제출할 증거가 없습니다.
✔ 고소인은 고소인의 진술 외에 제출할 증거가 있습니다.

7. 관련사건의 수사 및 재판 여부*

(✔ 해당란에 체크하여 주시기 바랍니다)

① 중복 고소 여부	본 고소장과 같은 내용의 고소장을 다른 검찰청 또는 경찰서에 제출하거나 제출하였던 사실이 있습니다 □ / 없습니다 ☑
② 관련 형사사건 수사 유무	본 고소장에 기재된 범죄사실과 관련된 사건 또는 공범에 대하여 검찰청이나 경찰서에서 수사 중에 있습니다 □ / 수사 중에 있지 않습니다 ☑
③ 관련 민사소송 유 무	본 고소장에 기재된 범죄사실과 관련된 사건에 대하여 법원에서 민사소송 중에 있습니다 □ / 민사소송 중에 있지 않습니다 ☑

8. 기타

본 고소장에 기재한 내용은 고소인이 알고 있는 지식과 경험을 바탕으로 모두 사실대로 작성하였으며, 만일 허위사실을 고소하였을 때에는 형법 제156조 무고죄로 처벌받을 것임을 서약합니다.

20○○년 ○월 ○일

고소인 ___나 피 해___ (인)

서울○○경찰서 귀중
별지 : 증거자료 세부 목록

1. 증거서류 등 (진술서, 차용증, 각서, 금융거래내역서, 진단서 등)

순번	증거	관련자	제출 유무
1	차용증		☑ 접수시 제출 ☐ 수사 중 제출
2	이체내역서		이하 상동
3	피고소인 인스타그램 캡처		

고소인

피해자의 인적사항을 적으면 된다.

피고소인

가해자의 인적사항을 최대한 적고 모르면 모르는 데로 남겨두면 된다. 이름도 모르면 '성명불상'이라고 기재하면 된다. 인적사항 기재가 부족하더라도 대부분 가해자를 알아낼 수 있기 때문이다. 경찰이 범죄사실에 기재해야 하는 범행시간과 장소, 그 방법 등을 보고 영화에서처럼 CCTV를 확인한다거나 교통카드, 신용카드 사용내역 등을 추적할 수 있다. 하지만 인스타그램이나 유튜브 댓글 명예훼손 사건의 경우라면 외국의 업체라 협조가 어려울 수 있다.

고소취지

죄명이 들어가야 하는데 좀 어려울 수 있다. 특히 경제 관련 범죄는 상당히 까다로운 측면이 있다. 이런 경우에 검색을 통해 알아보거나 전문가의 도움을 받는 게 좋다. 그러나 고소장 단계에서 죄명이 죄와 정확히 일치해야 하거나 고소장상 죄명이 그대로 확정되는 것이 아니다. 그렇기 때문에 일단 예상되는 죄명을 적고 '기타 피고소인이 한 범행에 해당하는 죄명으로 처벌하여 주십시오'라는 취지의 문구를 추가로 기재하는 것도 한 방법이다.

범죄사실

범죄사실에는 범행일시, 범행장소, 범행방법, 결과를 기재한다. 구체적으로 적는 방법에 대해서는 고소이유에서 함께 설명한다.

고소이유

고소이유에는 고소인과 피고소인간 관계, 사건경위, 구체적 범행방법(무슨 말, 어떤 행동을 했는지 등), 결과, 고소인이 고소에 이르게 된 이유 등을 기재한다.

물론 '검찰서류작성례'에 따르면 좋겠지만 어렵다. 대신 육하원칙에 맞추는 정도의 노력이라도 기울이고 일관되게 작성하자. 또 할 수 있는 만큼 최대한 구체적으로 작성해야 한다. 예를 들어 강제추행 사건의 경우라면 어느 손으로 어느 부위를 어떤 식으로 얼마동안 몇 번 만졌다고 하는 등 세부적인 사항까지 모두 들어갈 수 있도록 자세히 적어야 한다.

구성요건(범죄를 구성하는 요소)에서 요구하는 내용이 모두 들어가야 한다. 이렇게 쓰기 위해서는 법조문을 잘 들여다 보면서 대한법률구조공단 등에 있는 관련 고소장 예시를 참조하면 된다.

개떡같이 말해도 찰떡같이 알아듣는다고 착각하면 안 된다. 고소인 입장에서야 '누가 봐도 분명히 범죄'니까 대충 써도 알아본다고 생각하는 경우가 많다. 그렇지만 위에서 보았다시피 경찰이 할애할 수 있는 시간은 한정되어 있다.

🔖 TIP   **표를 이용하는 방법?**

정말로 작성하기 어렵다면 누가, 언제, 어디에서, 어떤 행위를 하였다는 것을 표의 형태로 혹은 그에 준하는 형태로 일목요연하게 정리하는 것도 하나의 방법이 될 수 있다.

흔히들 하는 실수로 자신은 사건의 당사자라 사건에 대해 잘 알고 있기 때문에 주어 등이 빠져있는지 아예 인식도 못한 채 잘 적었다고 생각하는 경우도 비일비재하다. 이러한 실수를 줄이는 데도 도움이 될 것이므로 표의 형태로 준비를 하거나 실제로 이러한 형태로 제출해도 크게 문제되지는 않는다.

한편 억울한 심정 때문에 적어야 할 사실관계가 아닌 부분에 과도하게 노력을 할애하는 경우도 있는데 이런 부분도 주의를 기울여야 한다.

증거자료

주장만 하는 것은 무의미하다. 재판은 증거싸움이기 때문이다.

범행당시의 상황이 녹음이나 녹화되어 있다면 좋겠지만 그런 게 없다면 이후에라도 가해자나 관련자와 통화 등을 하여 녹음을 할 수 있도록 하는 등으로 최대한 증거를 확보하여야 한다. 만약 녹음본을 갖고 있다면 그대로 제출하는 것이 아니라 속기사무소에 보내서 녹취록이 작성되도록 하여 녹취록을 제출한다.

제3자의 증언이 필요한 경우 나중에 말이 바뀔 수 있다. 그러니 미리 사실확인서를 받아두거나 미리 그와 관련한 대화를 하여 녹음하거나 메시지를 주고 받아 캡처해 두는 등의 방법을 취하는 것이 좋다.

이러한 증거는 분실위험 등이 있기 때문에 항상 복사본을 만들어 두고 제출시 원본을 제출하거나 복사본을 제출하면 된다.

 TIP   **고소장 작성 및 제출시 전략**

고소장은 상대방이 정보공개청구를 통해 볼 수 있는 자료이기 때문에 상대방이 조사받기 전 고소장을 볼 수 있다는 사실을 유념해야 한다. 따라서 고소장에 범죄사실만 기재하고 증거는 기재하지 않고 제출하지도 않는 것도 하나의 방법이다. 나의 무기를 숨기는 전략인바 미리 나의 무기를 오픈할 필요는 없기 때문이다. 증거자료는 나중에 고소보충의견서 형태로 경찰조사시 추가 제출 가능하기 때문에 고소장 단계에서 증거 관련 사항을 미리 적을 필요는 없다. 다만 이는 범행사실 등은 디테일하게 잘 작성한 걸 전제로 한다고 보아야 한다. 만약 범죄사실까지 제대로 작성되지 않았다면 이러한 고소장은 앞에서 언급한 어설픈 고소장으로 보이게 되어 문제가 발생될 수 있기 때문이다.

제출할 곳

검경수사권 조정 이후 대부분의 경우 검찰청이 아니라 경찰서에 제출하면 되는데 가해자 주소지(사는 곳) 관할 경찰서에 제출하면 된다. 내가 살고 있는 곳 근처 경찰서에 제출하게 되면 어차피 사건이 이송되어 시간만 낭비하는 결과가 될 것이기 때문이다. 다만 가해자 주소지를 모른다면 피해 장소(범죄지) 관할 경찰서에 제출하면 된다.

관할 경찰서 찾는 방법

경찰 민원포털(minwon.police.go.kr) → 경찰관서 찾기 → 가해자의 주소지 등 입력

기타 날짜 등 양식에 있는 필요한 사항들을 작성하면 된다.

관련사건의 수사 및 재판 여부, 기타 항목의 서약, 날짜 등 양식의 나머지 항목들도 간단히 체크하고 필요시 수정하면 된다. 또 증거를 제출한다거나 여러 사건이 있는 등으로 요약·정리할 필요가 있다거나 하는 등의 경우라면 별지도 작성해야 한다.

무고죄로 역고소 당하면?

무고죄로 역고소 당하면 어떻게 하나 불안할 수 있다. 그러나 고소장을 허위로 작성한다거나 고소 이후 수사기관에 출석해서 거짓말을 하지 않았다면 무고죄로 처벌받을 가능성은 매우 낮다.

물어보기 부끄러워 묻지 못한 생활 속 소송상식

고소장 제출 이후 절차는 어떻게 진행될까?

① 고소인 조사를 한다. 고소인이 먼저 수사기관에 출석해서 조사를 받게 된다. 이런 과정이 있기 때문에 고소장을 최대한 잘 적되 완벽하게 작성할 필요까지는 없다.

② 피고소인(피의자) 조사를 한다. 고소인 조사 이후에 가해자를 불러서 경찰이 조사를 하게 된다.

③ 경찰 조사가 끝난 후 담당 경찰관이 사건에 대해서 혐의가 있다고 판단하는 경우 검찰에 송치하고, 혐의가 인정되지 않는다고 판단하면 불송치결정을 한다.

④ 이러한 결과에 대해 고소인에게 통지를 해주고, 수사결과 통지서를 우편으로 보내준다.

⑤ 불송치결정에 대해 고소인은 이의신청을 할 수 있는데 신청기간에 제한은 없다. 고소인이 통지받은 내용을 검토 후 반박할 수 있는 증거자료를 마련하여 이의신청을 하면 담당 경찰관이 검사에게 사건을 송치하고 검사가 다시 한번 판단하게 된다.

02

경찰이 불송치결정, 검사가 불기소처분 한다면? 불복절차

🏛

경찰의 불송치결정에 대한 불복절차 : 이의신청

고소인 입장에서는 경찰이 범죄혐의가 있다고 인정하여 검사에게 사건을 송치하길 바란다. 그러나 많은 경우에 기대와는 달리 범죄혐의가 없다고 보고 검사에게 사건을 송치하지 않는 불송치결정을 한다. 검사가 이에 대해 위법·부당하다고 판단하여 경찰에게 재수사요청이라도 해주면 다행이지만 거의 해주지 않는다고 보면 된다. 결국 고소인이 이러한 불송치결정에 대해 불복을 하기 위해서는 '이의신청'을 해야 한다.

불송치결정의 통지를 받은 고소인은 해당 불송치결정을 한 경찰서의 장에게 이의신청서를 제출하면 된다. 이의신청기간에 제한은 없다. 고소인은 불송치결정서에 기재된 불송치 취지와 이유를 바탕으로 이의신청서를 작성하면 된다. 단순한 피해의 호소를 넘어 고소장 제출이나 수사과정에서 놓친 부분에 대한 새로운 주장, 범죄 성립을 보강할 수 있는 내용, 피해에 대한 추가적인 입증자료를 중점으로 작성할 필요가 있다.

이의신청이 있으면 검사에게 바로 사건이 송치된다. 고소인은 경찰로부터 처리결과와 그 이유를 통지받을 수 있다.

🏛
검사의 불기소처분에 대한 불복절차 :
검찰항고(항고·재항고) 및 재정신청

고소인 입장에서는 검사가 유죄판결을 받을 수 있다고 인정하여 기소(공소제기)하길 바란다. 그러나 검사는 여러 가지 이유로 공소를 제기하지 않기로 결정하는 불기소처분을 한다. 결국 고소인이 이러한 불기소처분에 대해 불복을 하기 위해서는 '항고'나 이를 거친 후 '재정신청'을 해야 한다.

검찰항고(항고·재항고)는 검찰조직 내부의 상급기관에 그 시정을 구하는 제도이므로 검사의 불기소처분에 대한 검찰 내부적 통제 수단이라는 점에서 법원에 대해 불복하는 재정신청과 구별된다. 고소인이 항고를 하기 위해서는 원칙적으로 불기소처분의 통지를 받은 날부터 30일 이내에 해당 불기소처분을 한 검사가 속한 지방검찰청 또는 지청에 항고장을 제출해야 한다.

재정신청은 고소인 등이 검사의 불기소처분에 불복하여 그 당부 (옳고 그름)에 대한 재정(일의 옳고 그름을 따져서 결정함)을 신청하여 법원의 심리에 의해 기소 여부를 결정하는 제도이다. 재정신청을 하려면 항고를 거쳐야 하는 것이 원칙이다.

재정신청을 하기 위해서는 항고기각결정을 통지받은 날부터 10일 이내에 지방검찰청 검사장 또는 지청장에게 재정신청서를 제출해야 한다. 재정신청서에는 재정신청의 대상이 되는 사건의 범죄사실 및 증거 등 재정신청을 이유있게 하는 사유를 기재해야 한다. 재정신청사건의 관할법원은 불기소처분을 한 검사 소속의 지방검찰청 소재지를 관할하는 고등법원이다.

 TIP **고발인의 경우**

고발인은 항고를 거쳐 '재항고'를 해야 한다. 재항고는 항고기각처분 등에 불복하여 그 검사가 속한 고등검찰청을 거쳐 서면으로 검찰총장에게 그 시정을 구하는 제도이다.
일부 범죄(형법 제123조부터 제126조까지의 죄)에 대한 고발인은 고소인과 같이 항고를 거쳐 재정신청을 해야 한다.

검사 처분의 종류

검사는 수사를 종결할 때 기소나 불기소 같은 종국처분 또는 기소중지나 이송 같은 중간처분을 한다.

종국처분	기소		검사가 유죄판결을 받을 수 있다고 인정할 때 법원에 재판을 청구하는 것
	불기소	기소유예	검사가 혐의를 인정하나 범인의 연령 등을 참작하여 기소하지 않는 것
		혐의없음	혐의없음(범죄인정안됨), 혐의없음(증거불충분)이 있음 * '범죄인정안됨'은 범죄로 취급되는 행동 자체가 아니라는 의미인 반면 '증거불충분'은 범죄를 인정할 만한 충분한 증거가 없다는 의미
		죄가안됨	범죄에 해당할 수 있었으나 정당방위 등 특별한 사유가 있어 범죄가 되지 않는 경우에 하는 것
		공소권없음	공소시효가 완성된 경우 등 소송조건이 결여되거나 형면제의 사유가 있는 경우에 하는 것
		각하	고소권자가 아닌 자가 고소한 경우, 고소 사건의 사안의 경중 등을 고려할 때 수사개시 등 필요성이 인정되지 않는 경우 등에 하는 것
	보호사건 송치		① 소년보호사건의 송치, ② 가정보호사건의 송치, ③ 성매매보호사건의 송치, ④ 아동보호사건의 송치 등 4가지 유형이 있음
중간처분	기소중지		피의자의 소재불명 또는 참고인중지 사유가 아닌 사유로 수사를 종결할 수 없는 경우에 그 사유가 해소될 때까지 하는 것
	참고인중지		참고인·고소인·고발인 또는 같은 사건 피의자의 소재불명으로 수사를 종결할 수 없는 경우에 그 사유가 해소될 때까지 하는 것

중 간 처 분	보완수사요구	경찰로부터 송치받은 사건에 대해 기소 여부 결정 등을 위해 필요한 경우에 경찰에게 하는 것
	공소보류	국가보안법위반죄를 범한 자에 대해 피의자의 연령 등을 참작하여 기소를 보류하는 경우에 하는 것
	이송	사건이 그 소속 검찰청에 대응한 법원의 관할에 속하지 않는 때에 사건을 관할법원에 대응한 검찰청 검사에게 송치하는 것 등과 수사개시범죄에 해당되지 않는 범죄에 대해 사건을 검찰청 외의 수사기관에 이송해야 하는 경우가 있음

물어보기 부끄러워 묻지 못한 생활 속 소송상식

03

기소 후 공판과정에서
피해자에게는
어떤 권리가 있을까?

형사소송에서 피해자(고소인)는 당사자가 아니지만 형사사법의 적정한 실현을 위해 피해자의 지위도 강화할 필요가 있다. 그리하여 헌법 및 형사소송법에 의해 형사피해자의 재판절차진술권이 인정되고 있다. 또 알아야 진술을 제대로 할 수 있기 때문에 피해자의 정보권도 인정된다. 이를 차례대로 살펴보자.

🏛
피해자의 정보권

피해자가 사건의 내용이나 진행상황 등을 알아야 피해자의 진술권도 제대로 행사할 수 있게 되는데 이를 위한 권리이다. 이에는 피해자 등에 대한 통지를 받을 수 있는 권리와 피해자 등의 공판기록 열람·등사권이 있다.

🏛 피해자의 진술권

피해자의 진술권 행사는 증인신문의 절차에 의하므로 피해자 등의 진술신청과 법원의 증거결정이 있어야 하는데, 법원이 채택결정을 하여 신문하는 것이 원칙이다. 피해자 등은 피해의 정도 및 결과, 피고인의 처벌에 관한 의견, 그 밖에 해당 사건에 관한 의견을 진술할 수 있다.

 TIP 공판단계에서의 불복절차?

피고소인에게 무죄 판결 또는 고소인의 기대에 못 미치는 양형으로 선고되는 경우 고소인은 어떻게 해야 할까? 고소인의 입장에서는 수사단계와 달리 공판단계에서는 달리 불복절차가 규정되어 있지 않다는 점이 문제된다. 따라서 이러한 경우 실무상 '공판검사실'에 항소를 해 달라는 취지의 의견서를 제출한다.

물어보기 부끄러워 묻지 못한 생활 속 소송상식

2장

내가 가해자라면?
피의사건 방어!

'너, 고소!'를 누구나 쉽게 할 수 있는 시대다. 반대로 말하면 누구나 '피의자'가 될 수 있다. 현행법상 수사기관에 고소가 접수되는 순간 피고소인은 피의자 신분으로 수사를 받아야 하기 때문이다. 이렇게 고소당하면 바로 피의자가 되기 때문에 실제 가해자는 물론 가해자라고 지목만 된 자도 피의사건을 방어할 준비를 해야 한다.

수사 결과 범죄 혐의가 입증되지 않아 불송치나 불기소되더라도 피고소인이 피의자 신분에서 벗어나기까지는 상당한 시간이 걸린다. 또 이러한 과정에서 겪는 피고소인의 고통은 극심하다. 또 어떻게 방어하느냐에 따라서 결론이 크게 달라질 수 있다. 따라서 방어는 제대로 알고 제대로 해야 한다.

여기서는 피고소인(가해자 또는 가해자로 지목된 자)의 입장에서 피의사건 방어와 관련된 전반적인 흐름을 알아보고 각 단계에서 필요한 지식들에 대해 살펴본다.

01

경찰서에서 전화가 왔을 때
어떻게 대처해야 할까?

어느 날 낯선 전화번호로 전화가 온다. 또 광고 전화인가 하고 무심결에 전화를 받은 A씨. 젠장! 경찰서란다. 수사관이 자신의 소속과 신분을 밝히고는 당신이 고소당했고 자신이 사건을 담당하고 있다고 한다. 그러면서 조사일정을 잡자고 한다. 처음에는 보이스피싱인가 의심도 했지만 진짜 수사관인 것 같다. 뭔가 잘못됐다고 생각한 A씨는 곰곰이 생각해 봤지만 도대체가 고소된 이유를 모르겠다. 그런 와중에 수사관이 내일 출석해서 조사받으라고 한다.

이에 당황한 A씨는 큰 실수를 한다. 과연 어떤 실수였을까? 그 실수를 포함하여 경찰서에서 전화가 왔을 때 어떻게 대처해야 하는지 알아보자.

물어보기 부끄러워 묻지 못한 생활 속 소송상식

고소를 당했을 때는 반드시 고소장을 확보한 후 조사를 받아야 한다

'지피지기 백전불태'이다. 자신이 무엇 때문에 고소가 되었는지 혐의사실이 무엇인지 전혀 모르고 조사를 받게 되면 이미 당황하고 떨리는 상태인지라 십중팔구 없는 소리나 심지어 거짓말까지 하게 될 수 있다.

따라서 조사를 받으면서 자신이 생각하는 것이나 억울한 점에 대해서 잘 말하려면 고소장을 미리 확보하여 혐의사실 등을 알고 가야 한다. 또 고소장을 보아야 증거나 사실확인서 등 필요한 자료를 미리 준비하여 제출하는 것도 가능하다. 그렇게 해야 태도에 따라 무혐의나 무죄로 이어질 수 있을 것이다.

반대로 말하면 고소장을 보고 그에 따라 증거를 준비하는 등 제대로 된 대비를 하지 못하고 조사에 임하게 되면 횡설수설하게 된다. 결국 그 내용이 그대로 조서에 기재되어 형사적으로 불리한 결과가 나오게 될 수 있다.

명심해 두자. 자신의 방어권의 실질적 보장을 위하여 고소장을 미리 확보하여야 한다는 사실을!

⚖ 고소장 확보를 위해 반드시 조사일정을 연기해 달라고 해야 한다

조사 받기 전에 고소장을 확보해야 한다는 것을 알았다. 그러면 이를 위해 반드시 필요한 것은 무엇일까? 바로 조사일정 연기이다. 수사관의 전화를 받고 당황스럽겠지만 정신줄을 부여잡고 가장 먼저 해야 하는 것은 수사관에게 조사일정을 연기해 달라고 하는 것이다. 수사관들이 친절하지 않을 수도 있겠지만 무조건 일정을 연기해야 한다.

최대한 연기하면 좋겠지만 최소 10일 이상 연기해야 한다. 고소장 내용을 파악하기 위해, 또 다른 사정들이 생길 수 있으니 넉넉히 2주 이상 연기하는 것이 좋다. 고소장을 확보하기 위해 연기시키는 것인데 고소장 확보에 원칙적으로 10일, 부득이한 경우 20일까지 걸리기 때문이다.

⚖ 고소장 확보는 온라인으로 '정보공개포털'을 이용하는 것을 추천!

고소장은 정보공개청구하여 확보할 수 있다. 직접 방문접수하여 확보할 수도 있지만 이러한 방법은 추천하지 않는다. 이를 위해 경찰

물어보기 부끄러워 묻지 못한 생활 속 소송상식

서 민원실에 가야 하는데 그날 바로 복사해 주지 않기 때문에 신청하러 한 번, 복사물을 받으러 또 한 번, 도합 두 번을 방문해야 하기 때문이다. 이는 매우 번거로운 일이기 때문에 집이 바로 경찰서 옆이거나 하는 등 특별한 경우 외에는 비추하는 것이다.

따라서 인터넷으로 접수하는 방법을 추천하며 자세한 방법은 아래를 참고하자.

TIP 정보공개포털(open.go.kr) → 청구/소통 → 청구신청

1 청구주제 : 선택

2 제   목 : 고소장열람복사신청

3 청구내용 : 피고소인 ○○○에 대하여 ○○죄명으로 ○○경찰서에 접수된
고소장의 혐의사실을 확인하고자 고소장열람복사를 신청합니다.
접수번호
※ 접수번호를 아는 경우에 기재 : 접수번호 = 접수된 연도 + 해당 관서에 접수된 순서(예 : 2023-12345)

4 참조문서 : 신분증 사본 첨부(스캔, 사진 등)

5 청구기관 : '기관찾기'를 눌러 자신에 대한 고소장이 접수된 수사기관을 검색하여 입력

6 공개방법 : 전자파일

7 수령방법 : 정보통신망(정보공개포털)
※ 신청은 포털로, 수령은 직접 받기를 원하는 경우
공개방법 : 사본/출력물 또는 복제/인화물
수령방법 : 직접방문

8 청구인 정보를 입력한 후 청구 클릭

A씨의 큰 실수에 대해 잘 알 수 있었다. A씨의 실수는 준비 없이 다음날 바로 조사를 받으러 간 것이다. A씨와 같은 실수를 저지르지 말고 반드시 고소장 확보를 위해 조사일정을 연기해야 한다. 물론 애초에 고소당할 일을 만들지 않는 게 최선이겠지만 세상일이 항상 내 뜻대로 이뤄지는 것만은 아니니까 말이다.

TIP **고소의 결과가 무혐의로 나왔을 때 : 무고죄의 고려**

결국 고소장 확보를 통해 자신이 잘 방어해서 고소가 무혐의로 결론이 났다면 고소한 사람에 대해 무고죄로 고소할지를 고려할 수 있다. 다만 '상대방의 고소사실+무혐의 처분'만으로는 무고죄에 해당하지 않을 수 있다. 즉 이러한 사실 이외에 '형사처분 등을 받게 할 목적+공무원 등에 허위의 사실의 신고'라는 요건이 필요하다. 예를 들어 사실을 신고했지만 법리적 판단에 의해서 무죄 또는 무혐의가 나온 경우 무고죄가 성립하지 않게 된다.

따라서 이러한 점을 고려하여 무고죄 고소 여부에 대해 신중하게 판단하여 결정해야 한다.

물어보기 부끄러워 묻지 못한 생활 속 소송상식

증거보전 신청

고소장의 확보를 통해 피의사실을 확인하는 것 이외에 하나 더 고려할 것이 있다. 바로 '증거보전신청'이다.

예를 들어 CCTV 영상은 대부분 저장기간이 정해져 있다. 따라서 이를 빠르게 확보해야 한다. 만약 공공기관의 CCTV라면 정보공개청구하면 된다. 그러나 일반 CCTV라면 얘기가 달라진다. 모자이크 등 처리를 하면 법적으로는 그 CCTV 관리자는 영상을 열람할 수 있도록 해야 한다. 그럼에도 분쟁에 휘말릴 위험 때문에 관리자들이 이를 거부하는 경우가 많다. 이때 필요한 것이 증거보전신청이다.

즉 "검사, 피고인, 피의자 또는 변호인은 미리 증거를 보전하지 아니하면 그 증거를 사용하기 곤란한 사정이 있는 때에는 제1회 공판기일 전이라도 판사에게 압수, 수색, 검증, 증인신문 또는 감정을 청구할 수 있다". 이를 통해 증거를 확보해 놓을 수 있다. 참고로 CCTV 영상의 경우에는 저장기간 때문에 증거보전신청 전에 관리자에게 법원결정문을 받아오겠다고 하며 USB나 외장하드 등을 준비하여 저장(백업)을 요청할 필요도 있다.

경찰 조사
잘 받는 법

상처를 치료하지 않고 가만히 놔두면 끊임없이 덧나듯, 경찰 조사를 잘못 받고 가만히 놔두면 사건이 끝날 때까지 끊임없이 덧나는 상황이 초래된다.

또 요즘은 영화에서처럼 경찰이 피의자를 때린다든가 '진실의 방'으로 데리고 가서 고문을 하는 경우는 거의 없다. 하지만 그렇기 때문에 수사기법이 보다 정교해졌다고 볼 수도 있다.

따라서 경찰 조사를 받게 된다면 그만큼 철저히 준비한 다음 조사에 임해야 한다. 여기서는 이러한 경찰 조사를 잘 받기 위한 10계명에 대해 알아본다.

물어보기 부끄러워 묻지 못한 생활 속 소송상식

🏛
먼저 내 사건의 방향을 결정해라

사건의 방향은 기본적으로 세 가지가 있다.

첫째, 무죄(무혐의)를 주장하는 방향, 둘째, 유죄를 인정하되 피해자와 합의하는 방향, 셋째, 유죄를 인정하되 피해자와 합의하지 않는 방향이다.

일단 마음을 정하면 어떤 식으로 말해야 하는지가 정해지므로 먼저 자신의 사건이 어떤 식으로 진행되었으면 하는지에 대해 방향을 결정해야 한다. 또 만약 유죄를 인정하는 방향으로 가기로 결정했다면 추가적으로 유죄를 어디까지 인정할지도 결정해야 한다.

예를 들어 오토바이 운전자가 '보복운전' 혐의로 조사를 받는 경우를 보자.

이 경우에 '나는 상대방 자전거와 스쳐 지나간 후 길을 잘못 들어 진로를 바꿔야 하는 상황이라서 방향을 돌려 상대방 자전거를 따라갔을 뿐이고 노면 상황이 좋지 않아 우연히 상대방 자전거 옆에서 휘청거렸을 뿐이다'라고 주장할 수 있다.

아니면 설사 억울한 측면이 있더라도 CCTV가 있어 객관적으로 보복운전으로 보이니 '상대방 자전거가 길을 비켜주지 않아 사고가 날 뻔하여 따지기 위해 돌아간 것이 맞지만 상대방이 넘어져서 다칠 것까지는 예상하지 못했다'고 할 수도 있다.

이럴 때 먼저 어느 방향으로 주장할지를 결정할 필요가 있다. 이렇게 해야 다음에 살펴볼 '말에 일관성' 역시 있게 된다. 물론 사건이 돌아가는 상황이나 필요에 따라 이런 기본 방향은 나중에 바꿀 수도 있다.

필요하다고 판단되면 영상녹화를 요청해라

번거롭다거나 좋은 게 좋은 거라고 영상녹화를 요청 안 하는 경우가 많으나 특히 변호인이 없는 경우 영상녹화를 요청하는 것이 좋을 수 있다. 만약 경찰 조사 과정에서 인권침해 등 부당한 대우를 받았다면 당장 조사를 중지시키고 국가인원위원회나 경찰서 내에 있는 청문감사관실에 '진정'을 하면 된다. 영상녹화는 이러한 진정을 함에 있어 필요한 증거를 확보할 수 있는 가장 확실한 수단이다.

경찰은 내 편이 아님을 명심하라

경찰은 판사처럼 시시비비를 가려주는 사람이 아니다. 기본적으로 경찰은 범죄자를 잡고 범죄를 증명하기 위한 목적으로 존재하는 사람임을 명심하자. 그렇기 때문에 경찰이 잘 대해주면 믿을만하다고 생각하여 마치 고해성사하듯 모든 걸 고백하지 말자. 오히려 의도

물어보기 부끄러워 묻지 못한 생활 속 소송상식

가 있을 수도 있다고 생각하고 더 신중하게 조사에 임해야 한다.

실제로 경찰들은 먼저 잘 대해주면서 긴장을 풀게 하고 친밀한 관계를 형성하여 방심하게 해서 모든 이야기를 하게 한다. 그런데 나중에 이러한 이야기들이 수사보고서에 다 적혀 있는 경우를 확인할 수 있다. 따라서 경찰은 내 편이 아님을 명심하여야 할 것이다. 그렇게 한다면 위와 같은 수사기법에 당하지 않을 수 있을 것이다.

🏛
당황하지 말고 항상 침착함을 유지하며
말할 때 한 번 더 생각하고 말하자

대부분은 경찰 조사를 받은 경험이 없기 때문에 긴장하기 마련이다. 그렇기 때문에 말실수를 하거나 잘못된 단어를 선택하거나 자기도 모르는 사이에 자백하는 진술을 하는 경우도 있을 수 있다. 그러니 항상 침착하게 한 번 더 생각하고 말해야 한다.

🏛
묻는 말에 대해 답하고 쓸데없는 말은 하지 말며
필요한 말은 다 하라

경찰 조사를 받으면 억울하다는 생각에 본인이 하고 싶은 말만 하는 경우가 많다. 그런데 조사 시간은 한정되어 있으니 정작 필요한 말을 할 수 없는 경우도 분명 있다. 따라서 묻는 말에 대해서만 대답하자. 쓸데없는 말을 하다가 말실수를 하고 꼬투리를 잡힐 수 있으니 절대 쓸데없는 말을 하지 않아야 한다. 그 시간에 필요한 말을 빠뜨리지 않고 모두 다 해야 한다.

🏛 일관성 있게 사실을 있는 그대로 말하라

순간을 모면하려고 사실과 다른 얘기를 해도 경찰은 이미 확보한 객관적인 자료를 들이밀며 사실을 추궁하는 경우가 대부분이다. 그렇게 되면 이후의 모든 말들에 신빙성이 떨어지게 된다. 사실을 있는 그대로 말했을 때 얻을 수 있는 또 하나의 장점은 말에 일관성이 있게 된다는 것이다. 따라서 사실을 있는 그대로 말하는 것이 중요한데 이는 특히 성범죄사건에서 더욱 중요하다.

🏛 유도신문에 주의하자

경찰이 영화에서처럼 막 윽박지르거나 하는 경우는 거의 없다. 오히려 유도신문 같은 수사기법을 활용하기도 하는데 다음과 같은 예를 생각해 볼 수 있다.

물어보기 부끄러워 묻지 못한 생활 속 소송상식

"돈 안 갚은 것 맞죠?" / "그 때는 갚으려고 했는데 사정이 나빠져서…"

"어쨌든 돈 안 갚은 건 맞잖아요?" / "갚을 생각이었고…"

"그게 사기에요! 사기치셨죠?" / "네…"

결국 스스로 사기를 인정한 꼴이 되어버렸다. 또 만약 위와 같은 상황이라면 실제 조서에는 "사기치셨죠?", "네…"라는 마지막 부분만 조서에 기록될 수도 있다. 그런데 이것은 다음에 살펴볼 조서 열람을 제대로 해야 할 이유이기도 하다.

🏛
반드시 메모를 하면서 경찰 조사를 받자

메모를 하면서 경찰 조사를 받으면 한 번 더 생각하고 정리하면서 말할 수 있다. 그렇기 때문에 말실수를 줄일 수 있고 동시에 다음에 살펴볼 조서 열람에서 활용할 수도 있다. 그러니 반드시 메모를 하면서 조사를 받는 것이 좋다. 노트를 미리 준비하여 가도 좋고 아니면 각 경찰서에 비치된 자기변호노트를 활용하여도 좋다.

조서 열람을 꼼꼼히 제대로 하자

경찰은 속기사가 아니다. 경찰이 내가 한 말을 그대로 받아적지 않는 것이다. 즉 조서는 '꾸미는 것'이다. 따라서 조서를 열람할 때는 자신이 메모한 내용과 비교하며 꼼꼼하게 읽고 잘못된 부분을 짚어내야 한다. 이때 중요하지 않다고 생각되는 부분이라도 나중에 어떻게 작용할지 모르니 정확하게 고쳐질 수 있도록 해야 한다.

앞에서 예를 든 "사기치셨죠?", "네..."의 상황을 다시 떠올려보자. 이 경우 반드시 그러한 대답에 이르게 된 상황에 대한 것 역시 조서에 남도록 하는 등 조서의 내용을 꼼꼼히 살펴보고 내 의도대로 조서에 기재될 수 있도록 신경 써야 한다. 만약 이러한 상황에서 경찰이 조서 내용을 고쳐주지 못하겠다고 한다면 서명날인을 하지 말고 조사를 받지 못하겠다고 하며 항의하면 된다.

 TIP 　　　　　　　　　　 **경찰조사를 받은 후 해야 할 일**

경찰조사를 받은 이후 자신이 진술한 내용을 확인하기 위하여 정보공개청구를 해서 해당 피의자신문조서를 등사해 두자. 참고로 정보공개청구는 정보공개포털(https://www.open.go.kr)을 통해 할 수 있다.

　　　　　　　　　　　　　물어보기 부끄러워 묻지 못한 생활 속 소송상식

⛪ 내 권리는 내가 지키자

사회적 약자에 대해서는 그 권리가 지켜질 수 있도록 법과 제도를 통해 당연히 배려가 되는 경우도 있다. 그러나 대부분의 경우 신청이나 요청을 하는 등으로 스스로의 권리를 지켜야 한다. 다른 사람이 내 권리를 챙겨주지 않는다. 내 권리는 내가 지켜야 한다. 이는 경찰 조사에서도 마찬가지이다.

구속에 대한 흔한 착각과
구속에의 대처

구속에는 흔히 법정구속이라고 하는 법원이 직권으로 하는 '피고인의 구속'도 있다. 그러나 여기서는 수사과정에서 검사가 판사에게 청구하여 하는 '피의자의 구속'에 대해서만 살핀다.

이러한 구속은 보통 뉴스기사를 통해 접하는 경우가 많을 것이다. 이에 대한 흔한 착각을 살펴보면서 구속과 그 요건을 알아본다. 또 피의자가 구속되면 방어권 행사에 많은 제약이 있게 된다. 따라서 그 대처를 잘 해야 하는데 이와 관련하여 영장실질심사와 구속적부심사제도를 살펴본다.

🏛 구속에 대한 흔한 착각

구속과 관련하여 흔하게 하는 착각 두 가지가 있다.

범죄자들을 무조건 구속해야 한다고 생각하는 게 첫 번째다. 그런데 피의자에 대한 수사는 불구속 수사를 원칙으로 한다. 이렇게 마치 구속 수사가 원칙이라고 착각하는 이유는 아마도 뉴스를 통해 접한 범죄의 경우 뉴스에 나올만큼 중범죄이거나 특별한 범죄이기 때문일 것이다. 또 뉴스는 구독율·시청율 때문에 자극적인 표현을 쓰기 때문이라고 생각된다. 어쨌든 법은 명확히 불구속 수사를 원칙으로 함을 밝히고 있음을 기억해두자.

'구속=유죄', '불구속=무죄'로 생각하는 경우가 의외로 많은데 이것이 두 번째다. 물론 구속이 되었다는 것은 충분한 범죄혐의가 인정되었다는 것이므로 유죄가 될 가능성이 높은 건 사실이다. 그러나 유죄의 요건과 구속의 요건에는 차이가 있음은 분명하다.

즉 구속의 요건은 피의자가 ① 죄를 범하였다고 의심할 만한 상당한 이유가 있고(범죄혐의의 상당성), ② 구속사유 즉, Ⓐ 일정한 주거가 없는 때, Ⓑ 증거를 인멸할 염려가 있는 때, Ⓒ 도망하거나 도망할 염려가 있는 때의 어느 하나에 해당하는 사유가 있을 때이다. 따라서 구속·불구속과 유·무죄 판단이 반드시 일치하는 것은 아니다. 이것이 뉴스에서 100% 범죄자로 보이는 경우이더라도 구속되지 않는 이유이다.

🏛
구속에의 대처

수사기관의 영장 청구는 ① 사전 구속영장 청구, ② 사후 구속영장 청구로 구분된다. 실무상 전자는 사전청구 또는 사전영장이라고 하고, 후자는 사후청구 또는 사후영장이라고 한다.

사전 구속영장 청구는 피의자를 체포한 경우가 아니라 수사기관의 출석요구로 불구속 상태에서 출석하여 조사를 받은 이후 수사기관이 구속 요건이 충족된다고 판단할 때 영장 청구를 하는 것이다. 사후 구속영장 청구는 영장에 의한 체포, 긴급체포, 현행범인의 체포로 이미 체포한 피의자를 구속하고자 할 때 48시간 이내에 영장 청구를 하는 것이다. 즉 이는 체포를 기준으로 나뉜다.

어느 경우라도 수사기관의 영장 청구가 있으면 구속전피의자심문이 필요적으로 실시된다.

영장실질심사

구속전피의자심문은 구속영장의 청구를 받은 판사가 구속 전에 피의자를 직접 심문하여 구속 요건을 판단하는 것을 말한다. 흔히 이를 영장실질심사라고 부른다.

물어보기 부끄러워 묻지 못한 생활 속 소송상식

판사는 심문할 피의자에게 변호인이 없는 때에는 직권으로 국선변호인을 선정한다. 따라서 영장실질심사의 경우 변호인의 도움을 받으면 된다. 실질심사의 경우 구두 변론이 가능하고 변호인의견서의 제출이 필수는 아니다.

구속적부심사제도

구속적부심사제도는 수사기관에 의해 구속된 피의자에 대해 법원이 구속의 적법 내지 부당 여부를 심사하여 피의자를 석방하는 제도이다. 즉 검사의 기소가 있기 전까지 재차 수사기관의 구속이 부당함을 주장할 수 있는 절차이다. 이는 수사단계에서 구속된 피의자를 석방시킨다는 점에서 구속된 피고인을 석방시키는 제도인 '보석'과 구별된다.

피의자 등은 피의사건의 관할법원에 구속적부심사를 청구할 수 있다. 그 청구는 구술로도 할 수 있으나 서면으로 하는 것이 일반적이다. 구속적부심사가 청구된 피의자에게 변호인이 없는 때에는 법원은 직권으로 국선변호인을 선정한다. 따라서 구속적부심사의 경우 변호인의 도움을 받으면 된다.

04

피의사건은 어떻게 진행되고 어떻게 대처할 것인가? 피의사건 구조 및 의견서 제출

🏛
피의사건 구조

피의사건 방어는 크게 혐의를 다퉈서 불송치결정이나 불기소처분을 받는 방향과 혐의를 인정하여 공소권없음(공소시효 완성 등의 경우 하는 것)이나 기소유예(쉽게 말해 검사 생각에 죄는 인정되지만 한 번 봐준다는 의미로 기소하지 않는 것) 등 불기소처분을 받는 방향으로 나눠진다.

경찰은 범죄를 수사한 후 범죄혐의가 인정되지 않는 경우 검사에게 사건을 송치하지 않고 불송치결정서 등을 송부하는 결정인 '불송치결정'을 할 수 있다. 물론 검사가 이에 대해 '재수사요청'을 할 수 있다. 다만 불송치 사건에 대한 재수사요청 비율이 매우 낮다. 따라서 경찰의 불송치결정을 최우선 목표로 삼는 게 좋다.

경찰이 범죄혐의를 인정하여 하는 '송치결정'이나, 경찰의 불송치결정에 대해 고소인 등의 '이의신청'이 있는 경우 검사에게 사건이 송치된다. 이에 대해 검사는 기소, 불기소, 보완수사요구 등을 할 수 있다. 다만 이의신청으로 검사가 경찰에게 보완수사요구 또는 기소할 확률은 매우 낮다. 따라서 사실상 경찰이 송치결정한 경우만 제대로 방어하면 된다.

검사는 사건을 송치받은 경우 결국 '기소'나 '불기소'를 하게 된다. 결국 피의사건 방어는 불기소를 목표로 하게 된다.

불기소의 이유도 중요하다. 기소유예 등의 경우 혐의가 인정되었다는 의미이므로 민사상 손해배상책임 등을 판단할 때 불리할 수 있기 때문이다. 따라서 혐의를 다툴지 인정할지 여부에 따라 그 목표가 달라질 것이나 불기소 이유에 있어서도 최대한 유리한 이유가 나올 수 있도록 해야 한다.

🏛
의견서 제출

피의사건 방어에 있어 중요한 것이 의견서 제출이다. 제출시기에는 제한이 없다. 그러나 수사기관 입장에서 수사가 마무리된 시점에서 경찰의 결정 또는 검사의 처분이 바로 이루어질 수 있으므로 그 이후로는 의견서가 무용지물이 될 수 있다. 따라서 수사기관에 의견서를 언제까지 반드시 제출하겠다고 미리 말해두는 것이 좋다.

의견서에는 특별히 정해진 양식이나 작성 방법은 없다. 그러나 보통 피의사실의 요지, 고소인의 주장, 고소인 주장을 뒷받침하는 증거 등의 순서로 기재 후 피의자가 주장하는 당시 사실관계, 고소인의 주장에 대한 반박, 법률적인 의견, 기타 정상 참작 사유 등의 순서로 필요한 부분에 한하여 작성하면 된다.

이외에 관련 자료도 제출할 수 있다.

 TIP 　　　　　　　　　　　　　**위법한 증거도 증거가 될까?**

최근 통신비밀보호법과 관련한 불법녹음이 증거로 쓰일 수 있는지가 문제되고 있다. 이렇게 위법한 증거도 증거가 될 수 있을까?

통신비밀보호법에 따르면 대화에 원래부터 참여하지 않은 제3자가 그 대화를 하는 타인들간의 발언을 녹음한 경우가 문제된다. 이렇게 비밀녹음한 경우 형사소송에서는 그 녹음내용이 위법하게 수집된 증거에 해당하여 원칙적으로 증거로 쓸 수 없다. 다만 특별한 사정이 있는 경우 매우 예외적으로 증거로 쓸 수 있을 뿐이다.

참고로 민사소송에서는 위법하게 수집된 증거라고 하더라도 법률상의 예외를 제외하고는 원칙적으로 증거로 쓸 수 있다. 그렇다고 모든 증거가 다 채택되는 것은 아니고 재판부의 재량에 맡겨져 있다. 하지만 민사소송에서 증거로 쓸 수 있다고 하더라도 통신비밀보호법 위반의 경우 같은 법에 의하여 처벌받을 수 있고 불법녹음으로 인해 위자료를 지급해야 할 수도 있다.

반성문 &
탄원서

형량을 줄이기 위해 반성문이나 탄원서를 참고자료로 제출할 수 있다. 물론 그 영향력은 미미하나 지푸라기라도 잡는 심정으로 조금이라도 더 형량을 줄이기 위해서 무조건 쓰는 게 좋다.

반성문은 본인이 직접 작성하는 선처를 구하는 문서이다. 탄원서는 작성자가 본인에 한정되어 있지 않다는 점에서 다르다. 즉 탄원서는 가해자, 피해자 또는 그 지인이 선처를 바라는 마음으로 사건의 법적인 측면 이외의 내용을 호소하고자 작성하는 문서이다. 이 중 피해자가 합의 후 작성한 선처탄원서는 다른 탄원서와 달리 형량에 충분히 영향을 줄 수 있다. 참고로 피해자와 제3자는 가해자를 엄히 처벌해 달라는 엄벌탄원서를 제출할 수도 있다.

반성문과 탄원서에는 정해진 양식은 없다. 다만 사건번호, 작성인의 인적사항, 작성일, 작성인의 서명·날인, 신분증 사본 등이 필수적으로 들어가야 한다. 분량은 A4 1~2장 정도가 적당하다. 다만 반성문의 경우 최소 3장 이상 작성하라는 의견도 있다. 그러나 분량에 정답은 없고 반성문의 핵심은 '진정성'이므로 분량 역시 이 기준에 따르면 된다. 지나치게 길지 않게 여러 번 내는 것도 한 방법일 수 있다. 또 진정성이 느껴질 수 있도록 가급적 자필로 작성하자.

반성문의 본문에는 자기소개, 사건의 경위, 수사과정에서 느낀 점과 반성의 계기, 반성문 작성이유, 반성내용, 피해자에게 사과한 내용·피해내용·피해자를 위한 조치, 재발방지를 위한 방안, 형사처벌을 받게 되면 형벌 이외에 불리한 사정, 선처를 부탁한다는 내용 등이 들어가면 된다. 반성문은 진정성이 핵심이므로 변명은 말고 반성의 마음만 담아야 한다.

탄원서의 본문에는 가해자와의 관계, 탄원취지, 사건의 경위, 탄원서 작성 이유, 가해자와 함께 노력할 내용 등이 들어가면 된다.

반성문과 탄원서는 경찰, 검찰, 재판 단계 어느 단계에서나 모두 제출 가능하고 여러 번 제출도 가능하다. 다만 진정성이라는 측면에서나 절차에 미치는 영향이라는 측면에서 잘못을 인정한다면 가급적 빨리 내는 것이 좋다. 즉 경찰서에 출석할 때 바로 제출하는 것이 좋다.

05

기소 후 법원에서 재판은
어떻게 진행될까?
공판절차

공판절차는 기소되어 피고사건이 법원에 계속된 후에 그 소송절차가 종결될 때까지의 절차이다. 여기서는 일반적인 공판준비절차와 공판의 심리에 대해서 살펴본다.

🏛
일반적인 공판준비절차

공판기일 전에 피고사건에 대해 일반적으로 행해지는 공판준비절차로는 공소장부본의 송달, 국선변호인의 선정에 관한 고지, 피고인 또는 변호인의 의견서제출, 공판기일의 지정과 변경, 피고인의 소환과 검사·변호인에 대한 통지, 공판기일 전의 증거조사 등이 있다.

여기서 중요한 몇 가지만 짚고 넘어가자. 법은 피고인 또는 변호인이 공소장 부본을 송달받은 날부터 7일 이내에 의견서를 법원에 제출해야 한다고 규정하고 있다. 그러나 이는 권고사항이다. 따라서 반드시 7일 이내에 제출해야 하는 것은 아니다. 그렇지만 첫 공판기일 전에 내주는 것이 좋다. 준비가 늦었다면 첫 기일에 제출해도 괜찮다.

의견서에는 공소사실에 대한 의견(인정 또는 부인) 외에도 증거에 대한 의견도 기재해야 하기 때문에 사전에 필수적으로 증거기록을 확인해야 한다.

증거에 대한 의견은 결국 검사가 제출한 각 증거에 대해 일부 증거는 위법하게 수집된 증거라는 등의 이유로 증거로 쓸 수 없다는 의견을 피력하는 것이다. 반대로 검사는 증인신문 등을 통해 그 증거를 증거로 쓸 수 있게 하려고 한다. 구체적인 증거의 인부認否 방법에는 동의, 부동의, 일부 부동의, 내용 부인, 입증취지 부인 등이 있다.

🏛
공판의 심리

공판기일에는 공판정에서 심리한다. 공판정은 판사와 검사, 법원사무관 등이 출석하여 개정한다. 검사의 좌석과 피고인 및 변호인의

물어보기 부끄러워 묻지 못한 생활 속 소송상식

좌석은 대등하며 법대의 좌우측에 마주 보고 위치하고 증인의 좌석은 법대의 정면에 위치한다. 다만 피고인신문을 하는 때에는 피고인은 증인석에 앉는다.

공판기일의 절차는 크게 모두(첫머리)절차, 사실심리절차, 판결선고절차로 나눌 수 있다.

모두절차

모두절차에서는 진술거부권의 고지와 인정신문(피고인이 맞는지 확인하는 절차), 검사의 모두진술(검사가 사건에 대해 요약해 말하는 것), 피고인의 모두진술(변호인 및 피고인이 공소사실의 인정 여부에 대해 진술하는 것), 재판장의 쟁점정리와 증거관계에 대한 진술 등이 행해진다.

사실심리절차

사실심리절차에서는 증거조사, 피고인신문, 최종변론 등이 행해진다.

증거조사가 공판절차의 핵심이다.

실무상 특별한 사정이 없는 한 피고인신문은 생략한다.

최종변론은 검사의 의견진술, 변호인과 피고인의 최후진술의 순서로 진행된다. 검사의 의견진술을 검사의 '논고'라 하고, 이때 양형에 관한 의견을 진술하므로 '구형'이라고도 한다. 구형은 권고적 의미가 있을 뿐이다.

피고인의 최후진술을 끝으로 변론을 종결하는데 이를 '결심'이라고 한다.

재판이 끝날 무렵 그간의 주장, 입증내용들을 총정리하면서 피고인에게 유리한 판결을 구하기 위해 제출하는 '변론요지서'를 제출할수 있다. 또 선고 전까지 반성문, 탄원서, 합의서 등 참고자료도 제출할 수 있다.

판결선고절차

법에 따르면 판결선고는 변론을 종결한 기일에 해야 하는 것이 원칙이다. 그러나 이는 권고사항이다. 따라서 재판장이 따로 선고기일을 지정하는데, 실무상 변론종결로부터 2주 혹은 4주 정도 뒤에 선고기일이 잡힌다. 피해자와의 합의 등을 위해 선고기일을 넉넉히 잡아달라고 요청할 수 있고, 선고기일의 변경을 신청하는 것도 가능하다.

민사판결서의 경우 따로 신청하지 않더라도 송달되는 것과 달리형사판결서의 경우 구속된 피고인에게만 법원이 알아서 판결서를보내주고 불구속 상태인 피고인은 직접 판결서를 신청할 때만 보내준다.

공판기일 & 선고기일에
출석해야 할까?

피고인의 출석은 권리인 동시에 의무이다. 따라서 피고인이 공판기일에 출석하는 것이 원칙이다. 다만 경미사건 등이나 피고인의 출석거부 등 사유가 있는 경우 예외가 인정된다. 그러면 선고기일이 지정되었을 때는 어떨까? 마찬가지로 선고기일에 원칙적으로 피고인이 출석해야 한다.

예외적으로 피고인의 출석없이 판결할 수 있는 경우가 있다. 참고로 선고기일에는 실무상 변호인이 출석하지 않고 피고인만 출석한다.

만약 선고기일에 피고인이 불출석하면 어떻게 될까? 1회 선고기일에는 보통 선고기일 연기로 피고인에게 한 번 더 출석 기회를 준다. 그 후 다시 지정된 2회 선고기일에 정당한 기일통지를 받고도 불출석하면 재판부가 피고인 소환장을 발부한다. 소환장에는 출석일시나 장소 등 이외에도 특히 "정당한 이유없이 출석하지 아니하는 때에는 도망할 염려가 있다고 인정하여 구속영장을 발부할 수 있습니다."라고 기재되어 있다.

따라서 피해자와의 합의 등을 위해 선고기일이 연기되기를 바란다면 불출석하기보다는 출석하여 선고기일 연기를 요청하는 게 보다 안전하다.

형사 판결의 종류와
불복절차

형사 판결에는 익히 알듯이 대표적으로 유죄판결, 무죄판결이 있다. 이외에 면소판결, 공소기각의 재판, 관할위반의 판결이 있다. 이러한 법원의 재판에 대해 불만이 있는 경우 불복절차를 통해 이를 다퉈야 한다. 즉 상소를 하여야 하는데 상소에는 항소, 상고, 항고가 있다.

여기서는 형사 판결의 종류 및 불복절차인 상소 중 특히 항소와 상고에 대해 살펴본다.

🏛
형사 판결의 종류

유죄판결

피고사건에 대해 범죄의 증명이 있는 경우에 선고하는 판결이다. 유죄판결에는 형선고의 판결, 형면제의 판결, 형의 선고유예 판결이 있다. 형의 집행유예 판결은 형을 선고하면서 그 형의 집행만을 일정기간 동안 유예하는 것이므로 형선고의 판결에 포함된다.

 TIP   **유죄 판결의 종류**

· **형선고의 판결**
일정한 종류와 양의 형벌을 선고하는 판결이다. 유죄판결의 원칙적 형식이다.

· **형면제의 판결**
행위가 범죄로 성립은 하지만 형벌법규에 형을 면제하는 규정이 있는 경우에 형벌만은 부과하지 않는 유죄판결의 일종이다.

· **형의 선고유예 판결**
일정한 종류와 양의 형을 정하면서도 그 형의 선고를 유예하고 일정한 기간을 경과한 때에는 면제되는 유죄판결의 일종이다.

무죄판결

피고사건에 대해 구체적 형벌권이 존재하지 않음을 확인하는 판결이다. ① 피고사건이 범죄로 되지 않거나 ② 범죄사실의 증명이 없는 때의 경우가 있다.

TIP

유죄판결이나 무죄판결 이외에 면소판결, 공소기각의 재판, 관할위반의 판결
도 있다.

· **면소판결**

피고사건에 대해 실체적 소송조건(범죄의 유무를 심판하는 데 있어서 구비되어야
할 전제조건)이 결여된 경우에 선고하는 판결이다.

· **공소기각의 재판**

피고사건에 대해 관할권 이외의 형식적 소송조건(범죄의 유무를 심판하는
데 있어서 구비되어야 할 전제조건)이 결여된 경우에 실체에 대한 심리를
하지 않고 소송을 종결시키는 재판이다. 공소기각판결과 공소기각결정으
로 나뉜다. 공소기각판결은 고소가 있어야 하는 범죄에서 고소취소가 있는
경우 등에 한다. 공소기각결정은 피고인이 사망한 경우 등에 한다.

· **관할위반의 판결**

피고사건이 법원의 관할에 속하지 않는 경우에 실체에 대한 심리를 하지 않
고 선고하는 판결이다.

🏛
불복절차

항소

제1심 판결에 대한 불복방법이다. 사실심으로서 사실관계와 법

률관계를 모두 심리한다.

항소는 제1심 판결선고일로부터 7일의 항소제기기간 이내에 항소장을 원심법원인 제1심 법원에 제출해야 한다. 제1심 법원이 지방법원 또는 지원의 단독판사인 경우에는 지방법원 본원 합의부가 항소법원이 된다. 제1심 법원이 지방법원 또는 지원의 합의부인 경우에는 고등법원이 항소법원이 된다. 항소장에 항소법원을 제출처로 기재해야 하지만 항소장의 제출은 원심법원에 해야 한다.

항소장에는 보통 원심법원, 사건번호, 선고연월일, 판결주문, 항소취지 등을 기재한다. 항소이유까지 기재할 필요는 없으며 항소이유까지 기재한 경우에는 별도로 항소이유서를 제출하지 않아도 된다. 항소법원이 기록의 송부를 받으면 소송기록접수통지를 하는데, 항소인 또는 변호인은 소송기록접수통지서를 받은 날로부터 20일의 항소이유서제출기간 이내에 항소이유서를 항소법원에 제출해야 한다. 항소법원은 제출받은 항소이유서를 상대방에게 송달한다.

상대방은 항소이유서를 송달받은 날로부터 10일 이내에 답변서를 항소법원에 제출해야 한다. 다만 이는 항소이유서의 경우와 달리 권고사항이다.

항소심은 제1심과 달리 피고인이 적법한 공판기일통지를 받고

서도 2회 연속으로 정당한 사유없이 출정하지 않은 경우 피고인의 진술없이 판결을 할 수 있다. 이외에 증거와 피고인신문에 대한 특칙이 있다.

항 소 장

사　　건　20○○고합 ○○○○호 사기
피 고 인　　○ ○ ○

위 사건에 관하여 귀 법원(○○지방법원)은 20○○. ○. ○. 피고인에 대하여 징역 ○년에 처하고, 다만, 그 형의 집행을 ○년간 유예하는 판결을 선고한 바 있으나, 피고인은 위 판결에 모두 불복하므로 항소를 제기합니다.

20○○. ○. ○.
위 피고인　○○○ (인)

○○고등법원 귀중

상고

제2심인 항소심 판결에 대한 불복방법이다. 법률심으로서 법률관계만을 심리함을 원칙으로 한다.

상고의 경우 특히 상고의 제기와 관련된 절차, 즉 상고장·상고이유서·답변서의 제출 절차는 항소의 경우와 기본적으로 같다. 다만 상고는 제2심 법원이 어디이든 모두 대법원이 상고법원이 된다는 점과 상고이유는 항소이유에 비해 엄격한 방식의 기재가 필요하다는 점에서 일부 차이가 있다.

상고이유는 항소이유에 비해 엄격히 제한되고 있다. 특히 사실오인과 양형부당의 상고이유는 중한 형(사형, 무기 또는 10년 이상의 징역이나 금고)이 선고된 사건으로 제한되고 있다.

상고심 공판절차는 원칙적으로 항소심과 같지만 일부 특칙이 인정된다. 즉 변론없이 서면심리에 의해 판결할 수 있어 실제 상고심은 서면심리가 대부분이다. 변호사가 아닌 사람을 변호인으로 선임하지 못하며 상고심의 공판기일에는 피고인이 출석을 할 필요가 없기에 소환을 요하지 않는다. 검사와 변호인은 상고이유서에 의해 변론해야 한다. 상고법원은 필요한 경우에는 특정한 사항에 관해 변론을 열어 참고인의 진술을 들을 수 있다.

비상구제절차?
재심!

재심은 유죄의 확정판결에 중대한 사실오인(법적인 측면에서 잘못 생각한 게 아니라 사실을 잘못 알았다는 의미)이 있는 경우에 판결을 받은 자의 이익을 위해 확정판결을 시정하는 비상구제절차이다. 확정판결에 대한 비상구제절차라는 점에서 미확정재판에 대한 불복신청제도인 상소와 구별된다. 유죄판결이 확정된 이상 집행 전은 물론이고 집행 중이거나 집행 후에도 가능하다. 따라서 사형 집행 후에도 명예회복이나 형사보상 청구 등이 가능하므로 재심의 이익이 인정된다.

재심은 다시 공판절차에서 심판할 것인지를 판단하는 사전절차인 재심개시절차와 다시 보통의 공판절차에서 심판을 하는 재심심판절차라는 2단계의 구조를 이루고 있다. 재심이유로는 크게 원판결의 증거가 거짓증거임을 이유로 하는 경우와 원판결의 사실인정을 변경할 만한 새로운 증거의 발견을 이유로 하는 경우가 있다.

재심청구는 원판결의 법원이 관할한다. 재심은 유죄선고를 받은 자나 선임된 변호인 등이 청구할 수 있다. 특히 검사도 공익의 대표자로서 유죄선고를 받은 자의 이익을 위해 재심을 청구할 수 있다. 재심청구기간에는 제한이 없으므로 형의 집행을 종료하거나 형의 집행을 받지 않게 된 때에도 할 수 있다. 재심청구서에는 재심청구의 취지와 재심청구의 이유를 구체적으로 기재하고 원판결의 등본 및 증거자료를 첨부하여 관할법원에 제출해야 한다.

물어보기 부끄러워 묻지 못한 생활 속 소송상식

3장

—

특별
절차

모든 사건을 정식의 방식으로 처리하기에는 사건이 너무 많다. 사회적 시간과 비용을 고려하면 경미한 사건을 신속히 처리할 필요가 있다. 이를 위해 약식절차와 즉결심판절차가 있다. 한편 일반형사절차에서는 가해자가 당사자가 되기 때문에 당사자가 아닌 피해자는 소외되는 측면이 있다. 따라서 피해자를 보호하기 위한 절차가 필요하다. 이에 배상명령절차, 형사조정절차, 형사상 화해절차, 국가에 의한 범죄피해자구조제도 등이 있다. 여기서는 이러한 특별형사절차에 대해 살펴본다.

01

간편한 형사절차인
약식절차

약식절차는 지방법원의 관할사건에 대해 검사의 청구에 의해 공판절차없이 서면심리만으로 피고인에게 벌금, 과료 또는 몰수의 형을 부과하는 간편한 형사절차이다. 약식절차에 의한 재판을 약식명령이라고 한다.

약식절차는 경미한 사건의 경우에 신속한 처리, 공개재판에 따른 사회적 시간 및 비용 절감, 피고인 부담 완화라는 기능을 한다. 약식명령청구가 있는 경우에 그 사건이 약식명령으로 할 수 없거나 약식명령으로 하는 것이 적당하지 않다고 인정한 때, 치료감호가 청구되었을 때에는 공판절차에 의해 심판해야 한다.

약식명령은 정식재판의 청구기간이 경과하거나 그 청구의 취하

또는 청구기각의 결정이 확정된 때에는 유죄의 확정판결과 동일한 효력이 있다.

약식명령에 불복하는 검사 또는 피고인 등은 약식명령의 고지를 받은 날로부터 7일 이내에 정식재판청구를 할 수 있다. 정식재판청구는 약식명령을 한 법원에 정식재판청구서라는 서면으로 제출해야 한다.

간편한 심판절차인
즉결심판절차

즉결심판절차는 20만원 이하의 벌금, 구류 또는 과료에 처할 경미한 사건에 대해 경찰서장의 청구에 의해 공판절차없이 지방법원, 지원 또는 시·군법원의 판사로 하여금 신속하게 심판하도록 하는 간편한 심판절차이다. 즉결심판절차에 의한 재판이 즉결심판이다.

경미한 사건을 신속하게 심판하기 위해 공판절차를 거치지 않는 절차라는 점에서 약식절차와 유사하다. 그러나 즉결심판절차는 청구권자가 검사가 아니라 경찰서장이라는 점, 서면심리가 아니라 원칙적으로 공개법정에서 판사가 직접 피고인을 신문한다는 점, 선고되는 형에서 차이가 있는 점 등에서 차이가 있다.

즉결심판청구가 있는 경우에 판사는 즉결심판을 할 수 없거나 즉결심판절차에 의해 심판함이 적당하지 않다고 인정할 때에는 즉결심판청구기각결정을 해야 한다. 기각결정이 있는 때에는 경찰서장은 지체없이 사건을 관할 지방검찰청 또는 지청의 장에게 송치해야 한다.

즉결심판은 정식재판청구기간의 경과, 정식재판청구권의 포기 또는 그 청구의 취하에 의해 확정되고 확정판결과 동일한 효력이 생긴다. 정식재판청구를 기각하는 재판이 확정된 때에도 같다.

즉결심판에 불복하는 피고인 등은 정식재판을 청구할 수 있다. 피고인은 유죄의 즉결심판이 선고되거나 즉결심판서의 등본으로 고지받은 날로부터 7일 이내에 정식재판청구서를 경찰서장에게 제출해야 한다.

소년에 대한 특별절차도 있다. '소년법'은 이를 규정하고 있는 특별절차 법이다. 소년법은 반사회성이 있는 소년의 환경 조정과 품행 교정을 위한 보호처분 등의 필요한 조치를 하고, 형사처분에 관한 특별조치를 함으로써 소년이 건전하게 성장하도록 돕는 것을 목적으로 한다. 소년법 상 소년은 10세 이상 19세 미만인 경우를 말한다. 소년법은 소년에게 보호처분을 하는 '소년보호사건'과 일반 형사사건과 같이 형사처벌을 하는 '소년형사사건'으로 나누고 있다.

형사절차 내에서 피해자가 손해배상 받을 수는 없을까?

배상명령절차

배상명령절차는 법원이 피고인에게 유죄판결을 선고할 경우 그 범죄로 인해 발생한 손해의 배상을 명하는 제도로, 그 배상을 명하는 재판이 배상명령이다. 배상명령절차는 형사절차에서 민사소송의 손해배상판결과 같은 재판을 하는 제도로, 간편·신속한 피해회복을 도모하고자 하는 제도이다.

하지만 그 한계도 분명하다. 형사소송에서 민사소송을 사실상 합쳐 진행하는 바람에 재판이 번잡해지고 지연되기도 한다는 점, 배상명령의 대상이 일부 범죄로 제한되어 있다는 점, 형사소송에서 민사 손해배상 내용을 정확히 파악하기 어려워 손해배상 범위에 일정한 제한을 두고 있다는 점, 피해의 책임소재나 그 범위가 명확하지 않은 경우 등 배상명령의 제외사유도 있다는 점, 민사소송의 경우와는 달리 배상명령으로 확정된 손해배상금을 다시 다툴 수 있다는 점 등에서 한계가 있다.

피해자나 그 상속인은 제1심 또는 제2심 공판의 변론이 종결될 때까지 사건이 계속된 법원에 배상명령을 신청할 수 있다. 원칙적으로 배상명령신청서라는 서면에 의해야 한다.

피고인은 유죄판결이나 배상명령에 대해 불복할 수 있다. 그러나 신청인은 배상신청을 각하하거나 그 일부를 인용한 재판에 대해 불복을 신청하지 못하며 다시 동일한 배상신청을 할 수 없다. 다만 신청인은 이를 민사소송 등으로 청구할 수는 있다.

분명히 한계가 있으나, 원칙적으로 절차비용이 추가로 발생하지 않고, 신청절차가 어렵지 않고 신속하게 처리될 수 있는 등의 장점이 있으므로 경우에 따라 적절하게 활용할 수 있다.

배상명령절차 이외의 피해자 보호절차

배상명령절차 이외의 범죄피해자보호를 위한 절차로 형사조정절차, 형사상 화해절차, 국가에 의한 범죄피해자구조제도가 있다. 이를 살펴본다.

형사조정절차

형사조정위원회의 조정에 의해 피의자와 범죄피해자 사이에 형사분쟁을 공정하고 원만하게 해결하고 범죄피해자가 입은 피해의 실질적인 회복을 도모하는 제도이다. 수사절차에서 행해지는 범죄피해자에 대한 피해회복제도라는 점에서 공판절차에서 행해지는 배상명령절차나 형사상 화해절차와 구별된다.

형사상 화해절차

형사피고사건의 심리 도중 피고인과 피해자 사이에 민사상 다툼에 관해 합의한 경우 공동신청에 의해 합의한 내용을 공판조서에 기재하여 민사소송법상 화해조서와 같이 확정판결과 같은 효력을 인정하는 제도이다. 형사재판 중 합의되어도 재판확정 후 실제 피고인이 이를 이행하지 않는 경우가 발생하므로 이를 이행하도록 실효성을 확보하기 위한 것이다. 배상명령절차와 마찬가지로 민사소송에 의하지 않고 형사절차에서 간편·신속하게 피해자의 피해회복을 도모하는 제도이다.

국가에 의한 범죄피해자구조제도

타인의 범죄행위로 인해 생명·신체에 피해를 입은 국민이 국가로부터 구조를 받을 수 있는 제도이다. 형사조정, 배상명령, 화해절차와 피해자에 대한 피해회복제도라는 점에서 같지만, 국가로부터 보상받는다는 점에서 피의자·피고인으로부터 손해배상을 받는 형사조정 등과 다르다. 피의자 등에게 돈이 없거나 검거되지 않은 경우 형사조정 등은 의미가 없으므로 국가가 최후로 나서서 피해자를 구조하게 되는 매우 중요한 제도이다.

소송이 끝나고 난 뒤
실제로 돈을 받는 방법?
집행

1장

—

집행을 위한 재산 확인 방법?
재산명시 신청과 재산조회 신청

형사재판의 집행은 원칙적으로 검사가 한다. 따라서 여기서는 민사소송이 끝나고 난 뒤 집행 방법에 대해서만 다룬다. 그런데 민사소송은 대부분의 경우 돈을 받기 위해 하는 것인데 돈을 받기 위해서는 상대방에게 재산이 있어야 하는 것은 당연하다. 또 강제집행은 법원이 알아서 해주는 것이 아니다. 따라서 실제 집행을 하기 위해서는 상대방의 어떤 재산이 어디에 있는지 알아야 할 필요가 있다.

이렇게 민사집행을 하기 위한 전제로 상대방의 재산을 확인해야 한다. 이를 위한 재산명시 신청과 재산조회 신청에 대해 살펴본다.

01

재산명시
신청

재산명시 신청은 확정판결 등을 가지고 강제집행을 하려고 하는데 채무자의 재산을 찾을 수 없을 때 채무자의 재산을 명시해(밝혀) 줄 것을 관할법원에 신청하는 절차이다. 법원은 채권자의 신청이 이유 있다고 인정되면 채무자에게 강제집행의 대상이 되는 재산과 그 재산의 일정한 기간 내의 처분상황을 명시한(밝힌) 재산목록을 작성, 제출하게 하여 채권자가 이를 열람·복사하게 할 수 있다.

재산명시 신청서를 채무자의 주소지 관할 법원에 제출해야 한다. 법원이 신청에 정당한 이유를 인정한 때에는 재산명시 결정을 하고 그 결정문을 채권자 및 채무자에게 송달한다. 채무자가 결정문을 송달받은 경우 7일 이내에 이의신청을 할 수 있다. 이의신청이 없거나 기각된 경우 법원이 재산명시기일을 지정하고 재산명시기일 통지서를 발송한다. 채무자는 재산명시기일에 출석하여 재산목록을 제출하고 진실함을 선서한다.

채무자가 정당한 사유 없이 명시기일에 출석하지 않거나 재산목록 제출 또는 선서를 거부한 경우에는 법원은 20일 이내의 감치(위반자를 가둬 두는 제재)에 처한다. 거짓의 재산목록을 낸 때에는 3년 이하의 징역 또는 500만원 이하의 벌금에 처한다.

재 산 명 시 신 청

채권자   (이 름)   (주민등록번호   -   ) | 인지
1,000원 |
　　　　 (주 소)
　　　　 (연락처)

채무자   (이 름)   (주민등록번호   -   )
　　　　 (주 소)

집행권원의 표시 : ○○지방법원 20 . . . 선고 20 가합 손해배상
　　　　　　　　　사건의 집행력있는 판결정본
채무자가 이행하지 아니하는 금전채무액 : 금   원

신 청 취 지
채무자는 재산상태를 명시한 재산목록을 제출하라

물어보기 부끄러워 묻지 못한 생활 속 소송상식

신 청 사 유

1. 채권자는 채무자에 대하여 위 표시 집행권원을 가지고 있고 채무자는 이를 변제하지 아니하고 있습니다.
2. 따라서 민사집행법 제61조에 의하여 채무자에 대한 재산명시명령을 신청합니다.

첨 부 서 류

1.집행력있는 판결정본   1부
1.송달증명원   1부
1.확정증명원   1부
1.송달료납부서   1부

20   . . .

채권자   (날인 또는 서명)

OO지방법원 귀중

◇ 유 의 사 항 ◇

1. 채권자는 연락처란에 언제든지 연락 가능한 전화번호나 휴대전화번호(팩스번호, 이메일 주소 등도 포함)를 기재하기 바랍니다.
2. 채권자는 수입인지외에 5회분의 송달료를 납부하여야 합니다.
3. 명시신청을 함에는 집행력있는 정본과 강제집행을 개시하는데 필요한 문서를 첨부하여야 합니다.
4. 신청서를 제출할 때 집행력있는 정본외 그 사본을 한 부 제출하면 접수공무원이 사본에 원본대조필을 한 다음 정본은 이를 채권자에게 반환하여 드립니다.

재산조회
신청

재산조회 신청은 재산명시제도의 실효성 확보를 위해 채무자의 협조없이 법원에 신청하여 개인의 재산 및 신용에 관한 전산망을 관리하는 공공기관·금융기관·단체 등에 채무자 명의의 재산에 관해 조회할 수 있는 제도이다. 재산조회는 곧바로 신청할 수 있는 것이 아니고 재산명시 신청을 한 후 이 절차가 끝난 다음에 재산명시 절차를 실시한 법원에 신청하는 것이다.

재산조회 신청은 재산명시절차에서 ① 채무자의 명시기일 불출석 등 재산명시 의무위반이 있거나 ② 채무자가 제출한 재산목록의 재산만으로는 채권자의 집행채권의 만족을 얻기에 부족한 경우, 또는 ③ 재산명시결정이 채무자에게 송달되지 않아 채권자가 주소보정명령을 받고도 채권자가 채무자의 주소를 알 수 없어 이를 이행할 수 없었던 것으로 인정되는 경우에 할 수 있다.

　채권자는 재산조회신청서에 은행 등 조회대상 재산·기관 중 채무자가 가지고 있을 것으로 추정되는 항목을 선택하고 조회에 드는 비용을 미리 내야 한다. 법원으로부터 재산조회를 요청받은 기관 등은 정당한 사유 없이 그 조회를 거부하지 못하므로 그 요청에 따른 채무자의 재산 및 신용에 관한 자료를 법원에 제출해야 한다. 조회를 받은 기관·단체의 장이 정당한 사유 없이 거짓 자료를 제출하거나 자료 제출을 거부하면 500만원 이하의 과태료에 처한다.

 TIP　　　　　　　　　　**또 다른 재산 확인 방법?**

신용정보회사를 통한 방법도 있다. 시간·비용적 측면에서는 장점이 있으므로 이 역시 고려해볼 수 있다. 또 이러한 업무를 전문적으로 취급하는 변호사나 법무법인도 있으므로 마찬가지로 고려해볼 수 있다.

재산조회신청서

채 권 자	성명: 주민등록번호: 주소: 전화번호: 팩스번호: 이메일 주소: 대리인:
채 무 자	성명: (한자:) 주민등록번호: 주소: (사업자등록번호)
조회대상기관 조회대상재산	별지와 같음
재산명시사건	지방법원 20 카명 호
집행권원	
불이행 채권액	
신청 취지	위 기관의 장에게 채무자 명의의 위 재산에 대하여 조회를 실시한다.
신청 사유	채권자는 아래와 같은 사유가 있으므로 민사집행법 제74조제1항의 규정에 의하여 채무자에 대한 재산조회를 신청합니다(해당란 □에 ∨표시). □ 명시기일 불출석 □ 재산목록 제출 거부 □ 선서 거부 □ 거짓 재산목록 제출 □ 집행채권의 만족을 얻기에 부족함 □ 주소불명으로 인하여 명시절차를 거치지 못함
비용환급용 예금계좌	

첨부서류	
(인지 첨부란)	20 . . . 신청인　　　　　(서명 또는 날인) **법원 귀중**

주 ① 신청서에는 1,000원의 수입인지를 붙여야 합니다.

　② 신청인은 별지 조회비용의 합계액을 법원보관금 중 재산조회비용으로 예납하여야 합니다.

　③ 신청인은 송달필요기관 수에 2를 더한 횟수의 송달료를 예납하여야 합니다.

　※「송달필요기관」이란 별지 조회기관 중 음영으로 표시된 기관을 의미합니다.

　④ "불이행 채권액"란에는 채무자가 재산조회신청 당시까지 갚지 않은 금액을 기재합니다.

　⑤ 채무자가 법인인 경우 사업자등록번호를 기재하면 더욱 정확한 재산조회가 가능합니다.

참조 : 민집규 35, 25, 재산조회규칙 7, 8

순번	재산 종류	기관 분류	조회대상 재산 / 조회대상기관의 구분	개수	기관별/ 재산별 조회비용	예 납 액
1	토지.건물의 소유권	법원 행정처	□ 현재조회		20,000원	
			□ 현재조회와 소급조회 ※ 소급조회는 재산명시명령이 송달되기 전 2년 안에 채무자가 보유한 재산을 조회합니다.		40,000원	
	과거주소 1. 　　　　2. 　　　　3. ※ 부동산조회는 채무자의 주소가 반드시 필요하고, 현재주소 이외에 채무자의 과거주소를 기재하면 보다 정확한 조회를 할 수 있습니다.					
2	건물의 소유권	국토 교통부	□국토교통부 ※ 미등기 건물 등을 포함하여 건축물대장상의 소유권을 조회합니다.		없음	
14	금융자산 중 계좌별로 시가 합계액이 50만원 이상인 것	과학 기술 정보 통신부	□과학기술정보통신부		5,000원	
			송달필요기관수		합계	

※「송달필요기관 수」란에는 음영으로 기재된 란에 표시된 조회대상기관 수
  의 합계를 기재함

※ 유비에스은행(구,크레디트스위스은행), KIDB채권중개: 법인에 대해서만
  조회 가능

2장

—

강제집행은
어떻게 이뤄질까?

확정판결 등을 받고도 채무자가 이를 이행하지 않는 경우 강제집행절차를
이용할 수 있다. 판결절차가 권리를 확정하는 절차라면 강제집행절차는 판
결절차의 후속단계로서 권리를 실현하는 절차이다.

집행권원 및
집행문

강제집행절차를 이해하기에 앞서 먼저 두 가지를 알고 가자. '집행권원'과 '집행문'이다. 집행권원이란 강제집행의 근거가 되는 것을 말하는데 가장 대표적인 것은 판결이다. 집행문은 집행권원에 집행력이 있음과 집행력의 내용을 공증하기 위한 것이다. 판결문을 주는 법원과 실제 집행을 해주는 집행기관은 별개이기 때문에 집행기관이 신속하게 집행을 할 수 있도록 이들을 연결해주는 다리로서 원칙적으로 집행문이 필요하다.

결국 승소판결을 받았다고 해서 그 판결문 하나만으로 집행이 진행되지 않는다. 별도로 집행문을 부여받아야 한다. 집행문은 신청에 따라 제1심 법원의 법원사무관 등이 내어 주며 소송기록이 상급심에 있는 때에는 그 법원의 법원사무관 등이 내어 준다. 확정된 지급명령 등 집행문을 부여받지 않아도 되는 예외가 있다.

강제집행의 구체적 방법 및 절차

　　강제집행은 집행대상인 재산의 종류에 따라 부동산 강제경매, 채권 압류 및 추심명령(받아내는 것), 채권 압류 및 전부명령(이전하는 것) 등의 방법으로 이루어진다. 이외에 선박 등 준부동산에 관해서는 부동산에 준한 집행절차가 마련되어 있다. 유체동산(부동산이 아닌 물건을 의미하는 '동산' 중에 채권을 제외한 것. 냉장고, 텔레비전, 사무실 집기 등이 이에 해당함)에 대한 강제집행은 압류, 입찰 또는 호가경매, 배당으로 진행된다. 강제집행은 집행대상 재산의 종류에 따라 관할 법원 또는 집행관에게 서면으로 신청한다.

·강제집행절차·

부동산에 대한 강제집행	채권에 대한 강제집행	유체동산에 대한 강제집행
① 부동산경매신청서 제출 및 비용 예납	① 관할법원에 채권압류 및 추심, 전부 등의 신청서 제출	① 강제집행 신청서 작성 및 집행관에게 제출
② 신청서 등 검토 후 경매 개시결정	② 신청서 등 심리 후 법원의 제3채무자 및 채무자에게 채권압류 및 추심, 전부 명령 등 송달(제3채무자에게 압류명령 송달시 채무자에 대한 지급 금지)	② 집행관의 압류일시 지정 및 채권자에게 통지
③ 법원의 경매개시결정 기입등기 촉탁 및 채무자에게 경매개시결정 정본 송달		③ 집행관의 압류물 봉인, 보존 및 경매일시와 장소 공고
④ 집행관의 경매부동산 현황 조사 및 감정인의 경매부동산 평가	③ 채권자는 추심명령, 전부명령 등을 통해 제3채무자로부터 압류된 채권을 받거나 제3채무자에 대한 채권을 직접 압류권자에게 이전받을 수 있음	④ 경매기일에 최고가매수신청인을 경락인으로 고지, 경매대금 납부시 목적물 인도, 매각대금으로 채권자의 채권 변제
⑤ 법원의 매각기일 지정 및 공고		
⑥ 매각기일에 경매가 진행되어 최고가 입찰인이 있으면 매각기일로부터 7일 이내 매각허가 결정		
⑦ 법원이 정한 기일 내 최고가매수신고인의 매각대금 납입 및 매각대금으로 채권자의 채권 변제		

3장
—

당하는 입장에서 강제집행이 부당하다고 생각한다면?
강제집행정지신청

소장을 작성할 때 일부 허용되지 않는 경우를 제외하고는 거의 기계적으로 청구취지에 "가집행 할 수 있다"고 적는다. 그런데 판결에서 이에 따른 가집행선고가 있는 경우 판결이 확정되지 않았더라도 강제집행을 할 수 있다. 그런데 채무자 입장에서는 아직 다투고 있는 중인데도 강제집행을 무조건 당해야 한다면 억울할 수 있다. 이때 필요한 것이 '강제집행정지신청'이다.

01

강제집행정지
신청이란

판결서가 송달된 날부터 2주 이내에 상소(항소, 상고)를 제기하면 판결은 확정되지 않는다. 또 판결내용이 소유권이전등기절차를 이행하라고 하는 등의 가집행선고가 없는 판결은 판결 확정 전에는 강제집행을 할 수 없다. 그러나 판결에 "가집행할 수 있다"는 가집행선고가 있는 경우에는 상소가 제기되어 판결이 확정되지 않았더라도 채권자는 집행문(판결에 집행력이 있음과 집행력의 내용을 공증하기 위한 것)을 부여받아 강제집행을 실시하여 목적달성을 할 수 있다.

이러한 경우에 채무자가 강제집행이 부당하다고 생각한다면 어떻게 해야 할까? 이때 할 수 있는 것이 강제집행정지신청이다. 이를 통해 판결 확정시까지 강제집행을 일시 정지시킬 수 있다.

02

강제집행정지신청의
방법

강제집행정지신청은 다음과 같은 방법으로 한다.

판결서를 송달받은 후 2주 이내에 항소장(상고장)을 원심법원에 접수한다. 항소장(상고장) 접수증명서를 받아 강제집행정지신청서에 첨부하여 소송기록이 있는 법원에 제출한다. 법원이 공탁금을 명하게 되면 신청인은 공탁금을 은행에 납부하고 공탁서 사본을 법원에 제출한다.

법원은 상당한 이유가 있는 경우 강제집행의 일시정지를 명하는 결정을 하게 된다. 강제집행의 정지를 명하는 결정문을 강제집행절차를 진행하고 있는 집행법원이나 집행관에게 제출해야 비로소 그 집행을 정지시킬 수 있다.

물어보기 부끄러워 묻지 못한 생활 속 소송상식

강제집행정지신청이
필요한 이유

일단 가집행이 이루어지고 나면 상소심에서 피고가 승소하더라도 문제가 복잡해진다. 가집행을 통해 원고가 받은 돈을 다시 피고에게 돌려줘야 하는 건 맞다. 그러나 피고 입장에서 원고 재산에 다시 강제집행을 해야 하는데 원고가 이 돈을 모두 소비하고 재산이 없다면 현실적으로 돌려받지 못하게 될 수 있다. 따라서 상소하는 경우 반드시 강제집행정지신청을 해서 가집행이 이루어지지 않도록 해야 한다.

판결이 확정된 경우의 강제집행정지신청

판결이 확정된 경우 이에 따라 채무자가 돈을 갚을 수 있다. 이렇게 채권자가 돈을 받은 경우에도 채권자는 이 돈은 다른 걸로 받을 돈이 있어서 받은 것이라고 하는 등의 주장을 하면서 다시 강제집행을 할 수 있다. 이때 채무자가 이를 다투기 위해 제기할 수 있는 것이 '청구이의의 소'이다. 그러나 청구이의의 소를 제기하더라도 강제집행은 계속 진행된다. 따라서 이 경우에도 청구이의의 소와 함께 강제집행정지신청을 해야 한다.

물어보기 부끄러워 묻지 못한 생활 속 소송상식

형사보상과 명예회복

형사재판의 집행과 관련하여 알아두면 좋은 제도 두 가지를 소개한다. 형사보상제도와 명예회복제도이다.

형사보상제도

국가가 형사절차에서 억울하게 구금되었거나 형의 집행을 받은 사람에 대해 그 손해를 보상해주는 제도이다. 헌법은 형사보상을 국민의 기본권으로 보장하고 있고, 이러한 형사보상청구권의 구체적 실현을 위해 「형사보상 및 명예회복에 관한 법률」이 제정·시행되고 있다.

명예회복제도

무죄 등의 재판서를 법무부 인터넷 홈페이지에 게재하여 무죄, 면소, 공소기각, 치료감호청구기각의 재판을 받은 자의 수사 및 재판과정에서 훼손된 명예를 회복시켜주는 제도이다.

PART

6

대표적인 민사·형사· 행정·가사사건 대처법

1장

—

특히 돈이
문제되는 경우

세상을 살다보면 매우 다양하고 어려운 문제에 맞닥뜨리게 된다. 이때 이 문제를 해결하는데 도움이 되는 방법이나 제도를 알고 있다면 매우 도움이 될 것이다. 여기서는 실제로 주변에서 흔히 발생하고 있고 누구나 직접 겪을 수 있는 문제들에 대한 대처법에 대해 간단하게 알아보고자 한다.

이 책 초반에 소송의 종류를 설명하며 예로 든 교통사고의 경우처럼 세상의 문제는 많은 경우 민사·형사·행정·가사 등 여러 분야가 얽혀 있다. 따라서 엄밀하게 나눌 수는 없지만 여기서는 편의상 돈이 문제되는 경우와 그이외의 것이 문제되는 경우로 나누어 살펴보기로 한다. 먼저 특히 돈이 문제되는 경우를 살펴보자.

빌려준 돈을 돌려받기 위한

대여금반환청구

"돈은 앉아서 빌려주고 서서 받는다."는 속담이 있다. 또 미국 속 담에 "처남에게 100달러를 빌려주면 두 번 다시 그를 볼 일이 없어 진다."라는 말이 있다. 친한 사이일수록 돈거래는 하지 않는 게 좋 다. 그러나 막상 이들이 손을 내밀면 야박하게 딱 잘라 거절하기가 쉽지 않다. 한편 중국 속담에 "친형제라도 셈은 분명히 한다."라는 말이 있다. 결국 최대한 돈거래를 하지 말되 어쩔 수 없다면 셈은 분명히 해야 한다.

먼저 돈을 빌려줄 때는 증여(주는 것)한 것이 아니라 대여(빌려주 는 것)한 것이라는 점이 분명히 드러나도록 차용증을 작성하는 것이 좋다. 그게 어렵다면 이메일, 카카오톡 메시지, 인스타그램 DM 등 이라도 주고 받자. 또 언제까지 갚아야 되는지 이자는 어떻게 할 것 인지도 분명히 하는 것이 좋다.

필요하다면 공증사무소에 방문하여 차용증 인증(이미 작성된 차용증을 인증)을 받거나 금전소비대차공정증서(차용증 자체를 공증인이 공정증서로 작성)를 받아두자. 차용증 인증은 소송 등에서 채무자가 차용증을 작성하지 않았다고 부인하는 것을 막을 수 있는 강력한 증거이고, 금전소비대차공정증서는 강제집행승낙 문구를 넣어서 민사소송을 거치지 않고 바로 강제집행이 가능하여 빌려준 돈을 회수할 수 있다.

그런데 이렇게 열심히 대비했음에도 돈을 갚지 않는다면 어떻게 해야 할까?

앞에서 말했듯 금전소비대차공정증서가 있으면 공정증서를 작성했던 공증사무소에서 '집행문'을 발급받아 바로 강제집행을 하면 된다. 그 이외의 경우에는 일반적으로 내용증명 발송(독촉), 가압류 신청과 함께 민사소송 제기(채무자가 다툴 것으로 예상되는 경우) 또는 지급명령신청(채무자가 다투지 않을 것으로 예상되는 경우), 강제집행의 순으로 진행하면 된다.

돈을 갚지 않고 있을 때 민사소송과는 별도로 사기죄로 형사 고소하는 것이 도움이 되는 경우가 있다. 사기죄가 성립되는 대표적인 경우로 돈을 빌릴 당시에 갚을 생각과 능력을 가지고 있지 않았던 경우와 용도를 속이고 돈을 빌린 경우가 있다.

고소만으로 채무자에게 압박이 되므로 채무자에게 재산이 없거나 채무자가 재산을 숨겨둔 경우 특히 유용하다. 다른 사람이 보증을 선 경우 등이 아니라면 원칙적으로 채무자에게만 돈을 갚으라고 할 수 있다. 그런데 고소를 하면 채무자에게는 비록 재산이 없더라도 그 합의과정에서 합의금으로 가족 등이 대신 돈을 마련해주거나 채무자의 숨겨둔 돈을 꺼내게 만들 수 있기 때문이다.

참고로 돈을 받을 정당한 권리가 있더라도 돈을 받으려는 과정에서 지나친 측면이 있다면 형법상 협박죄·공갈죄, 채권추심법 위반죄 등에 해당될 수 있으므로 주의가 필요하다.

· 돈을 돌려받기 위한 대응 전략 흐름도 ·

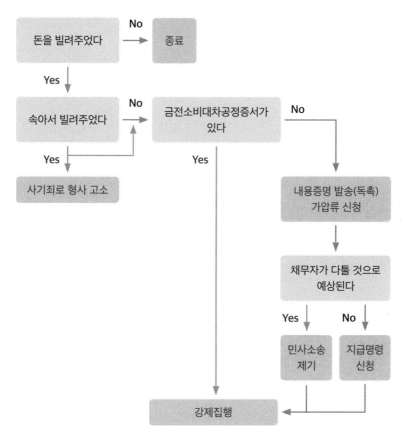

02

임대차(전·월세)의 문제

최근 '갭투자' 전세사기가 많은 문제가 되었고 현재진행중인 상황이다. 그 이외에도 전·월세 등 임대차의 경우에 다양한 문제가 발생한다. 이에 대해 살펴보자.

먼저 임대차차계약을 진행하면서 이러한 문제들을 최소화해야 한다. 임대차계약을 진행할 때는 신중히 진행해야 한다. 이때 체크해야 할 점은 다음과 같다.

① 비교분석하여 좋은 전셋집을 선택하고 그 집을 직접 정확히 확인하고 구하는 것은 기본이다. ② 등기부등본을 반드시 확인하자. ③ 반드시 등기부등본에 있는 집주인 계좌로 돈을 입금하자. ④ 계약서 작성시 반드시 당사자 신분을 명확히 확인하자. ⑤ 계약서 작성시 계약서를 꼼꼼히 확인하고 자신의 사정에 맞는 특약을 추가해달라고 요청하자. ⑥ 계약 당시 반드시 녹음을 하자. ⑦ 잔금 지

급전 등기부등본을 다시 확인하자. ⑧ 중개수수료를 낸 후 반드시 현금영수증 등을 받자. ⑨ 잔금 지급 후 바로 전입신고를 하고 확정일자를 받자. ⑩ 조금이라도 의심될 때는 변호사와 상담하자. ⑪ 필요시 보증보험 등 제도를 활용하자.

임대차 도중에는 임대인, 임차인 모두 특히 주택임대차보호법 및 상가건물 임대차보호법의 내용을 숙지할 필요가 있다. 통지 기간, 계약갱신청구권, 전월세상한제 등이 중요하다.

임대차에서는 특히 차임을 올려받으려고 할 때나 계약 종료시에 문제가 발생된다. 이러한 경우에 일반적으로는 다른 문제들에서처럼 내용증명 이후 민사소송을 통한 해결을 꾀할 수 있다.

임대차에 있어 특별한 해결절차로 대한법률구조공단 주택·상가건물임대차분쟁조정위원회에 분쟁조정을 신청할 수 있다. 또 임차인은 보증금을 받지 못한 상태로 건물을 비워줄 경우 우선변제권을 유지시키기 위해 임차권등기명령(법원의 명령에 의하여 임차권의 등기를 하는 제도)을 신청해야 한다는 점을 알아야 한다.

또 앞에서 보았듯 전세사기가 되는 경우 사기죄로 형사 고소할 수도 있다. 물론 이 경우에도 사기죄가 되려면 임대인이 보증금을 받을 당시 돈을 갚을 능력이 없었던 경우여야 한다. 이를 입증하기가 쉬운 것은 아니나 이 경우 임대인에게 재산이 부족한 경우가 대부분일 것이므로 임대인이 어떻게든 합의금을 마련하도록 압박하기 위해 고소가 필요할 수 있고 실제 고소가 많이 행해지고 있다.

03

중고거래로
피해를 본 경우

요즘은 중고거래 시장이 매우 활성화되어 있는 것처럼 보인다. 누구나 한 번쯤은 당근, 번개장터, 중고나라 등 중고거래 플랫폼을 이용해 보았을 것이다. 그런데 그만큼 중고거래와 관련해 많은 문제가 발생하고 있으니 확실한 대비가 필요하다.

먼저 판매자의 입장에서는 나중에 분쟁으로 이어지지 않도록 판매글을 꼼꼼히 작성하고 설명이 필요한 부분은 반드시 설명해야 한다. 구매자가 억지로 환불을 받기 위해 많은 경우에 사기죄 고소라는 수단을 이용하고 있기 때문이다. 따라서 대화내용 등은 삭제되지 않도록 관리하고 분쟁이 발생한다면 미리 캡처 등을 해놓을 필요도 있다.

반대로 구매자는 구매 전에 판매글을 꼼꼼히 읽어야 하고, '더치트' 등의 사이트를 통해 사기 신고 내역을 조회해야 한다. 지나치게

262   물어보기 부끄러워 묻지 못한 생활 속 소송상식

저렴하다거나 택배 거래만을 요구하는 등 의심가는 정황이 있다면 거래 자체를 피하는 것이 더 좋을 수 있다. 물건을 받았다면 고장나거나 파손된 부분이 없는지 확인한다.

중고거래에서 문제가 발생하는 경우 물론 민사소송을 제기할 수 있다. 그러나 보통 중고물품의 가격을 고려하면 실익이 없는 경우가 대부분이다. 따라서 중고거래 플랫폼 3사에서 운영중인 자율 분쟁조정 제도나 전자문서·전자거래분쟁조정위원회를 통한 해결을 고려해 볼 수도 있다.

물론 단순한 분쟁을 넘어 판매자가 물건을 보내지 않는 등 사기로 판단되는 경우 사기죄로 형사 고소를 할 수 있는데, 이때 간편하게 이용할 수 있는 것이 '사이버범죄 신고시스템'이다. 이를 통해 간단하게 신고하면 안내문자가 오고 그 내용에 따라 경찰서를 방문하면 된다.

· **사이버범죄 신고시스템**(https://ecrm.police.go.kr/minwon/main) ·

04

투자를 한

경우

'폰지사기'는 최근까지도 발생하고 있다. 폰지사기는 투자 사기 수법의 하나로 실제 아무런 이윤 창출 없이 고수익을 보장하며 끌어모은 투자금을 아랫돌 빼어 윗돌 괴는 식으로 다시 투자자들에게 수익으로 지급하는 방식으로 자행되는 다단계 금융 사기 수법이다.

이러한 형태의 사기는 매우 오래되었음에도 여전히 피해자를 양산하며 심심치 않게 뉴스에 등장한다. 결국 사기 수법의 고도화도 문제지만 그 이상으로 과도한 욕망에 눈이 멀게 되는 것에 대해서도 주의가 필요하다. 처음에는 분명 돈을 벌게 해준다. 또 지위나 재력을 과시하기도 한다. 거기에 혹해서 속지 말자.

투자를 한 경우 민사소송을 제기할 때 문제가 되는 것은 대여금과 달리 투자금은 손실을 감수하면서 이익을 얻기 위해 지급한 돈

물어보기 부끄러워 묻지 못한 생활 속 소송상식

이기 때문에 원칙적으로 원금을 반환받을 수 없다는 점이다.

예외적으로 계약내용의 실질을 살펴 대여금으로 인정받은 경우 또는 투자유치를 하면서 거짓말로 속인 경우나 원금보장약정이 있는 등 특별한 사정이 있는 경우에만 반환받을 수 있다. 이를 위해 투자계약서 등 증거를 미리 수집하고, 채무자가 재산을 숨기거나 처분할 수 있기 때문에 미리 가압류나 가처분의 보전조치를 할 필요가 있다.

투자 사기의 경우 형사 고소를 할 수도 있는데, 이 경우 형법상 사기죄에 해당하고, 폰지사기 등 사기의 형태에 따라 유사수신행위의 규제에 관한 법률 위반죄, 방문판매법 위반죄 등에도 해당할 수 있다.

민사소송을 하는 경우이든, 형사 고소를 하는 경우이든 문제는 채무자의 재산이 없는 경우가 많아 실제로 금전적 피해를 온전히 복구하기 어렵다는 점에 있다. 따라서 위험한 계약은 거들떠도 보지 말아야 한다. 그럼에도 심사숙고해서 계약을 한다면 원금보장약정을 계약서에 넣거나 하는 등으로 계약서를 꼼꼼하게 따져 작성하여야 한다. 또 만약 사건이 터진다면 누구보다도 발 빠르게 움직여 유리한 상황을 선점해야 한다.

05

보이스피싱 범죄의
경우

보이스피싱 범죄의 수법은 날로 정교해지고 갈수록 진화하고 있다. '수상하지 않게', '전화 이외의 방법으로'도 얼마든지 행해지고 있다. 전화로 검사 등을 사칭해서 범죄에 연루되었다고 하거나 앱을 설치하게 하거나 하는 등의 전통적인(?) 방법 이외에도 딥페이크 기술 등의 발달로 이를 이용한 신종 수법까지 등장해 더욱 우려가 커지고 있다.

한편 보이스피싱 범죄의 경우 순수하게 피해자만을 울리는 범죄가 아니다. 사회경험이 부족한 사회 초년생들에게는 고액알바인 것처럼 속여서, 연세가 있거나 돈이 궁한 사회취약계층에게는 대가를 준다거나 대출을 미끼로 통장을 대여하도록 하여 그들이 생각지도 못한 채 범죄에 가담하도록 만든다.

<보이스피싱 피해 예방 10계명!>

1. 전화로 **정부기관**이라며 자금이체를 요구하면 일단 **보이스피싱 의심하세요**

2. 전화·문자로 대출 권유 받는 경우 **무대응 또는 금융회사 여부를 확인하세요**

3. 대출 처리비용 등을 이유로 선입금 요구시 **보이스피싱을 의심하세요**

4. 고금리 대출 먼저 받아 상환하면 신용등급이 올라 저금리 대출이 가능하다는 말은 **보이스피싱입니다**

5. 납치·협박 전화를 받는 경우 자녀 안전부터 확인하세요

6. **채용을 이유로 계좌 비밀번호 등 요구시 보이스피싱입니다**

7. **가족 등 사칭 금전 요구시 먼저 본인인지 확인하세요**

8. **출처 불명 파일·이메일·문자는 클릭하지 말고 삭제하세요**

9. 금감원 팝업창 뜨고 금융거래정보 입력 요구시 **100% 보이스피싱입니다**

10. **보이스피싱 피해발생시 즉시 신고 후 피해금 환급 신청으로 추가 피해를 방지하세요**

출처 금융위원회 보도자료 중 발췌

앞서 보았듯 진화하는 보이스피싱 앞에서 사실 이를 막기 위한 완벽한 대책은 없다. 명심해야 할 것은 촌각을 다툴 만큼 급박한 경우는 잘 없다는 점이다. 내가 떳떳하면 통장이 범죄에 연루되었다 한들 겁먹을 이유가 없다. 가족이 다쳤다는 연락을 받아도 원칙적으로 응급의료에 관한 법률 등에 따라 치료가 이루어지므로 당장 돈이 급하지는 않을 것이다. 설사 실제 발생한 일이더라도 내가 서두른다고 바로 해결되는 일은 아니라는 점을 명심하자.

세상에 공짜는 없다. 그렇게 좋은 고액알바 자리가 나한테까지 돌아올 리가 없다. 통장만 빌려주고 쉽게 돈을 벌 수 있다면 누구나 그렇게 할 것인데 그렇게 하지 않는다는 점을 생각해보자. 원래 대출이 안되는데 편법으로 억지로 대출을 가능하게 한다는 것 자체에 문제가 있음을 인식해야 한다.

실제로 보이스피싱을 당하면 이성적인 판단이 어렵다. 결국 보이스피싱을 당한 경우의 대처법을 알고 있어야 한다.

피해자는 가장 먼저 송금은행·입금은행 대표번호 혹은 경찰청에 지체없이 피해사실을 신고하고 지급정치 신청을 해야 한다. 지연인출제도(1회 100만 원 이상일 경우 30분간 ATM 등을 통한 인출·이제가 지연되는 제도) 등이 시행되고 있으므로 그 제한시간 내에 할 수 있도록 해야 한다. 이에 대해 더 알고 싶다면 법제처의 '찾기쉬운 생활법령정보' 등을 보자.

이미 피해가 발생했다면, 피해자는 형사 고소와 함께 민사소송을 제기해야 한다. 다만 총책 검거는 어려운 측면이 있으니 당장은 현금수거책 등 단순가담자를 상대로 해야 하는 경우가 많다. 이때 단순가담자는 사회 초년생 등으로 재산이 없을 가능성이 높으니 고소를 통해 그 부모 등으로부터 합의금을 받는 방식이 유용할 수 있다.

현금수거책의 입장에서는 '몰랐다', 즉 고의를 부정할 것인지 인정하고 선처를 바랄 것인지를 잘 선택해야 한다. 하지만 어느 경우에나 손해배상은 해야 할 수 있다. 민사의 경우 과실(실수)책임이 인정되기 때문이다.

대여한 통장이 보이스피싱 범죄에 사용된 경우에 대여자는 사기방조죄 및 전자금융거래법 위반죄에 해당할 수 있다. 따라서 이 경우에도 고의를 부정할지 선처를 바랄지 선택해야 한다. 다만 이 경우는 전자금융거래법 위반죄의 고의 부정은 더욱 어렵다는 점을 알고 더욱 신중히 접근해야 한다. 역시 손해배상은 어느 경우에나 해야 할 수 있다.

보이스피싱 범죄에 대해 엄벌 기조를 유지하고 있어 초범도 실형이 나올 수 있다. 그러나 실제로 고의가 있었는지의 판단에 따라 유무죄가 엇갈려 나오고 있으니 보이스피싱을 당했거나 보이스피싱에 연루되었다면 변호사의 도움을 받는 게 좋다.

부당해고와
임금체불

　사용자가 근로자를 정당한 이유 없이 해고한다면 부당해고에 해당한다. 이 경우 노동위원회에 부당해고 구제신청을 거쳐 행정소송을 제기하는 방법과 법원에 해고무효확인의 소를 민사소송으로 제기하는 방법이 있다.

　노동위원회 구제신청 및 행정소송 제기에 의한 부당해고 구제절차는 지방노동위원회 구제신청 → 조사 → 심문 → 판정 → (중앙노동위원회 재심) → (행정소송) → 확정 → 종료의 순서로 진행된다. 이때 월평균임금 300만 원 미만의 근로자는 해당 노동위원회에 대리인 선임 신청서에 신청 대상자임을 증명하는 서류를 함께 제출하여 변호사 또는 공인노무사의 권리구제 대리를 받을 수 있다. 구제신청은 부당해고가 있었던 날부터 3개월 이내에 해야 한다.

　법원에 해고무효확인의 소를 민사소송으로 제기할 수도 있다.

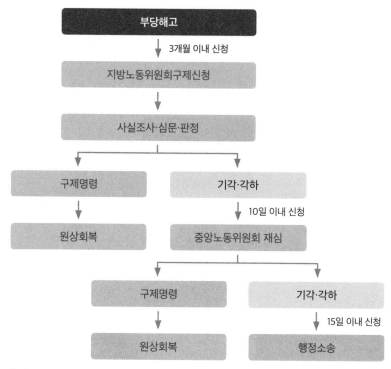

· 부당해고 구제절차 개관 ·

부당해고

↓ 3개월 이내 신청

지방노동위원회구제신청

사실조사·심문·판정

구제명령 　　　　 기각·각하

원상회복 　　 ↓ 10일 이내 신청

　　　　 중앙노동위원회 재심

구제명령 　　　　 기각·각하

원상회복 　　 ↓ 15일 이내 신청

　　　　 행정소송

출처 법제처 찾기쉬운 생활법령정보 '부당해고의 의의와 구제신청'

이는 부당해고 구제신청과 별개의 제도이므로 양자를 선택하거나 동시에 진행할 수 있다.

　임금이나 퇴직금 등이 재직 중인 근로자에게는 정기지급일에, 퇴사한 근로자에게는 퇴직일로부터 14일 이내에 전액 또는 일부가 지급되지 않는 경우라면 임금체불에 해당한다. 이 경우 진정·고소, 민사소송을 고려해 볼 수 있다.

　임금을 지급받지 못한 근로자는 고용노동부 노동포털(https://

labor.moel.go.kr/minwonSysInfo/wagesolway.do)에서 온라인으로 임금체불 진정을 제기하거나, 사업장 소재지 관할 고용노동관서 고객지원실을 방문하여 사전 상담 후 진정 또는 고소할 수 있다.

· 임금체불 진정/고소 처리절차 ·

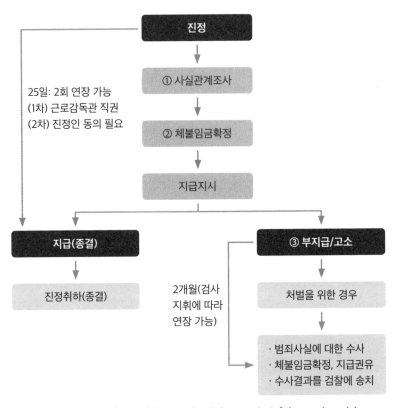

출처 고용노동부 노동포털(https://labor.moel.go.kr/minwonSysInfo/wagesolway.do)

이와 별도로 민사소송을 제기할 수 있다. 업장 소재지 관할 또는 근로자 주소지 관할 지방법원에 민사소송을 제기하여 확정 판결을

물어보기 부끄러워 묻지 못한 생활 속 소송상식

받은 후 강제집행을 할 수 있다. 이때 사업주의 재산이 있어야 강제
집행을 통해 체불임금을 받을 수 있으므로 사전에 사업주의 재산을
파악하고 가압류를 하는 것이 중요하다.

이외에 회사도산시 해결방법, 간이대지급금, 체불청산지원 사업
주융자제도 등에 대해서는 앞에서 말한 고용노동부 노동포털을 참
고하자.

· 임금체불 민사소송 처리절차 ·

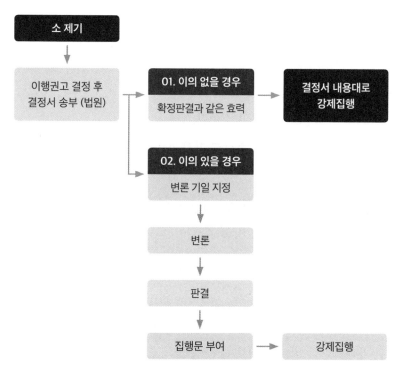

출처 고용노동부 노동포털(https://labor.moel.go.kr/minwonSysInfo/wagesolway.do)

07

교통사고의
문제

　현대를 살아가면서 누구나 가해자가 되고 피해자가 될 수 있는 것 중에 하나가 교통사고일 것이다.

　교통사고가 발생하면 즉시 정차하여 사상자를 구호하고 피해자에게 인적사항을 제공하는 등으로 피해자 구호조치를 이행해야 한다. 위반시 도로교통법에 따라 처벌될 수 있다. 또 도주시에는 특정범죄 가중처벌 등에 관한 법률에 따라 가중처벌된다.

　이외에 차량 비상등을 켜고 삼각대를 후방차량 운전자가 확인할 수 있는 위치에 설치하는 등 추가 교통사고 방지를 위한 조치를 취해야 한다. 또 교통사고 현장 보존, 목격자·진술서 확보, 가해자신원·가해차량·보험가입 여부 확인 등 조치도 취해야 한다.

　경찰에 이를 신고해야 한다. 그 내용은 사고장소, 사상자수·부상정도, 손괴한 물건·손괴정도, 그 밖의 조치사항 등이다. 위반시 도로

교통법에 따라 처벌될 수 있다. 참고로 가해자·피해자·그.대리인은 신청서를 경찰서장에게 제출하여 교통사고사실확인원 발급신청을 할 수 있는데 추후 도움이 될 수 있을 것이다.

실수로 사람을 다치거나 죽게 한 경우인지 물건만을 손괴한 경우인지에 따라 각각 교통사고처리 특례법이나 도로교통법으로 처벌된다. 다만 교통사고는 누구에게나 발생할 수 있기 때문에 일정한 경우 검사가 기소하지 못하게 하여 형사처벌이 이루어지지 않도록 하는 예외를 두었다. 크게 피해자와 합의한 경우와 자동차 종합보험에 가입한 경우가 있다.

그러나 이른바 뺑소니, 음주측정 거부, 중앙선 침범 등 12대 중과실의 경우 합의하거나 보험에 가입했더라도 처벌을 피할 수 없다. 또 피해자가 중상해를 입은 경우는 보험으로는 처벌을 피할 수 없지만 합의하는 경우는 처벌을 피할 수 있다.

한편 뺑소니의 경우 여기에 더해 특정범죄 가중처벌 등에 관한 법률에 따라 가중처벌한다. 참고로 사람은 다치지 않고 주·정차된 차만 손괴한 것이 분명한 경우 아무런 조치를 취하지 않고 도주했더라도 20만 원 이하의 벌금 등 즉결심판 대상 사안이 된다.

보험금 등을 청구하거나 위와 같은 과정을 통해 합의금을 받았음에도 충분치 못하다면 과실비율 분쟁심의위원회를 통한 해결을 꾀할 수 있다. 물론 자동차손해배상 보장법 및 민법에 따라 민사소송 등의 절차를 통해 손해배상을 받을 수도 있다. 이때는 피해자의 신체감정이 중요하다.

참고로 보험 미가입 또는 자동차 보유자를 알 수 없는 경우에 중증 후유장애인 등 지원 대상에 해당하는 경우 한국교통안전공단을 통해 피해자 보상을 받을 수 있다. 한편 도로의 관리부족으로 차량 파손 등 손해발생시에는 국가배상청구를 할 수 있다.

이외에 운전면허의 취소·정지 등 행정처분이 문제될 수 있는데 다음에 이어지는 무면허운전·음주운전에서 한꺼번에 살펴보자.

· 중상해 사고와 12대 중과실 사고 ·

중상해 사고 판단기준	12대 중과실 사고 종류
① 생명유지에 불가결한 뇌 또는 주요 장기 중대한 손상 ② 신체 중요 부분이 상실 또는 중대 변형되는 경우 ③ 시각·청각·언어·생식 기능 등 신체 기능의 영구적 상실 ④ 사고 후유증으로 인한 중증의 정신장애, 하반신 마비 등 완치 가능성이 없는 질병 ⑤ 기타 치료기관과 국가배상법 시행령상의 노동능력 상실률, 의학전문가 의견, 사회통념 등을 종합적으로 고려한 뒤 개별 사안에 대하여 타당성 있게 판단 ※ 예시 : 뇌사·식물인간 상태, 척수손상으로 인한 마비, 신체절단 기타 영구적 회복 불가능·영구적 장해가 남는 경우 등	① 신호 위반 및 지시 위반 ② 중앙선 침범 및 고속도로 횡단·유턴·후진 위반 ③ 속도위반(제한속도보다 20km/H 이상 과속) ④ 앞지르기·끼어들기 규정 위반 ⑤ 철길건널목 통과방법 위반 ⑥ 횡단보도 보행자 보호의무 위반 ⑦ 무면허운전 ⑧ 음주운전 ⑨ 보도 침범 ⑩ 승객 추락 방지의무 위반 ⑪ 어린이 보호구역 안전운전의무 위반 ⑫ 화물고정조치 위반

물어보기 부끄러워 묻지 못한 생활 속 소송상식

08

무면허운전·
음주운전

무면허운전·음주운전은 결코 해서는 안되는 범죄이나 매우 흔하게 접할 수 있다.

두 경우 모두 이른바 12대 중과실에 해당되어 합의하거나 보험에 가입했더라도 처벌을 피할 수 없다는 점에서는 같다. 그러나 무면허운전은 도로가 아닌 곳, 즉 사유지 등에서 운전한 경우는 제외되는 반면 음주운전·음주측정거부는 도로가 아닌 곳에서 운전한 것도 포함한다. 참고로 도로 외의 곳에서의 음주운전·음주측정거부에 대해서는 형사처벌만 가능하고 운전면허의 취소·정지 처분은 부과할 수 없다.

무면허운전·음주운전은 형사처벌을 받게 되는데 특히 음주운전은 혈중알코올농도 등에 따라 처벌수위가 다르다. 이외에 손해가 발생했다면 손해배상 책임을 질 수 있다. 또 운전면허 취소·정지 등 행정처분이 뒤따르게 된다. 즉 이 경우 민사·형사·행정상 책임이 모두 발생할 수 있다. 여기서는 특히 형사·행정상 책임에 대처 방법을 살펴본다.

물론 처음부터 무면허운전·음주운전은 결코 해서는 안된다. 다만 이미 저지른 경우 형사적으로는 처음 적발 당시부터 진지한 반성을 하며 수사에 협조하고 양형에서 유리한 사유를 잘 어필하여

유리한 사유	불리한 사유
진지한 반성	단기간에 여러번 음주운전으로 적발된 경우
적발당시 혈중알코올 농도 수치가 낮음	적발당시 혈중 알코올 농도 수치가 높음
음주운전에 이르게 된 불가피·부득이 한 사정이 있는 경우	음주운전 사유가 불가피하지 않은 경우
부양가족이 있어 징역형일 경우 부양가족의 삶이 궁핍해질 사정	
재범위험이 낮은 경우(자동차 처분으로 음주운전 우려가 없는 경우, 재발방지에 대한 확고한 태도, 음주 교육 수강 등)	
동종전과가 없거나 2회 이하인 경우	음주운전 전과가 3회 이상인 경우, 과거 집행유예 이상의 형을 받은 전력이 있는 경우
	음주운전 거리가 길 경우
	음주운전으로 교통사고나 인명피해가 야기된 경우

물어보기 부끄러워 묻지 못한 생활 속 소송상식

양형에서나마 유리할 수 있도록 하자.

　행정적으로는 운전면허 취소·정지처분에 대해 구제받을 수 있도록 해야 한다. 그 방법에는 이의신청, 행정심판·행정소송이 있다.
　이의신청은 처분을 받은 날로부터 60일 이내에 시·도경찰청장에게 할 수 있다. 운전이 가족의 생계를 유지할 중요한 수단이 되거나, 모범운전자로서 3년 이상 교통봉사활동에 종사하고 있거나, 교통사고를 일으키고 도주한 운전자를 검거하여 경찰서장 이상의 표창을 받은 사람으로서, 혈중알코올농도가 0.1%를 초과하는 경우 등 일정한 사유가 없어야 감경될 수 있다.

　이의신청 여부와 관계없이 행정심판 청구·행정소송 제기를 할 수 있다. 행정소송을 제기하기 위해서는 반드시 행정심판을 거쳐야 한다. 행정심판은 처분이 있음을 알게 된 날부터 90일 이내 또는 처분이 있었던 날부터 180일 이내에 처분청이나 중앙행정심판위원회로 심판청구서를 제출해야 한다.

09

인스타그램 등
사진도용의 경우

"유포 좀 막아주세요! 처벌은? 손해배상은요?" SNS에서 사진 도용을 당했을 경우 궁금한 내용은 아마 이러한 질문으로 요약될 수 있을 것이다. SNS는 이미 생활의 일부가 되었다. 그만큼 관련 문제가 많고 이를 실제로 겪으며 불편과 고통을 호소하는 사람도 많다. 그런데 이런 부분에 대해 아직은 법학계의 연구가 부족하고 특히 제대로 된 맞춤형 법제가 갖춰진 것으로 보이지는 않는다.

그렇지만 이렇게 제도 등이 정비되지 않은 미흡한 상황에서라도 손 놓고 있을 수만은 없으니 기존 제도라도 잘 활용하는 방법을 찾아야 한다. 그런 의미에서 특히 SNS에서 사진을 도용 당하는 경우 대처법에 대해서 살펴보자.

안타깝게도 사진을 도용한 경우를 직접적으로 처벌하는 사진도용죄와 같은 규정은 존재하지 않는다. 따라서 다른 방법을 찾아봐야 한다.

먼저 생각해볼 수 있는 것이 초상권 침해이다. 초상권이란 자기 자신의 초상에 대한 독점권을 말하며, 헌법상 인정되는 인격권의 하나로서, 자기의 초상이 승낙 없이 전시되었을 경우에는 민사상 손해배상을 청구할 수 있다. 이때 침해행위의 정지·방지 등의 금지청구권이 인정될 수 있으므로 게시 중지 가처분을 고려할 수 있다.

만약 추가적인 사정이 있다면 다양한 방법이 있다. 도용된 사진의 창조성이 인정된다면 저작권법이 보호하는 사진저작물로 민·형사상 조치를 취할 수 있다. 추가적으로 명예훼손적 발언이 있거나 사진 자체를 수정하여 모욕적인 표현이 내포되게 되면 각각 정보통신망법상 명예훼손죄나 형법상 모욕죄에 해당할 수 있고, 이러한 행위가 협박에 해당될 수 있다면 협박죄도 성립할 수 있어 민·형사상 조치를 취할 수 있다.

성적 욕망 또는 수치심을 유발할 수 있는 사진이었다면 성폭력처벌법상 카메라등이용촬영죄에, 딥페이크 기술 등으로 성적 욕망 또는 수치심을 유발할 수 있는 형태가 되었다면 성폭력처벌법상 허위영상물등반포등죄에 해당할 수 있어 민·형사상 조치를 취할 수 있다.

하지만 인스타그램 등 해외 SNS의 경우에 형사·민사 과정에서 모두 문제가 발생할 수 있다. 특히 여기서 문제가 되는 것이 바로 가해자의 인적사항 확보 가능성의 문제이다. 미국은 표현의 자유를 매우 중시하여 명예훼손죄와 관련해서는 미국 SNS 회사들이 국내 영장을 그대로 인정하기보다는 재량으로 인적사항 제공여부를 판단한다. 또 미국 법원에 소송을 제기하는 것도 재판관할의 문제 때문에 쉽지는 않다.

이 경우 IP 추적, ID 분석 등을 통해 가해자를 특정하는 방법을 취하거나, 한국과 미국에서 법적 절차를 동시에 진행하며 한국 사법기관이 국제공조하는 방식으로 가해자를 특정하여 해결할 수 있다.

달리 말하면 명예훼손죄가 아닌 다른 범죄의 경우에는 미국 SNS 회사들이 국내 수사기관의 협조 요청에 적극 협조하기 때문에 죄명을 먼저 고민해 볼 필요가 있다.

· SNS 사진 도용 대처법 ·

상황	처벌	손해배상	유포방지
일반적인 경우	사진도용죄X	초상권 침해	게시 중지 가처분
창조성 인정	저작권법 위반		
명예훼손적 발언	정보통신망법상 명예훼손죄		
사진 자체 수정을 통한 모욕적 표현	형법상 모욕죄		
협박	협박죄		
성적 욕망 또는 수치심 유발	성폭력처벌법상 카메라등이용촬영죄		
딥페이크 기술 등으로 성적 욕망 또는 수치심 유발	성폭력처벌법상 허위영상물등반포등죄		

10

상속의
문제

상속에는 단순승인, 한정승인, 포기가 있다. 상속인이 여러 금융 협회, 정부24 사이트, 행정복지센터(동사무소) 등을 통해 피상속인의 재산 상태를 알게 된 후 물려받을 재산보다 채무가 크다면 상속포 기를, 정확히 비교할 수 없다면 한정승인을 고려해볼 필요가 있다.

단순승인이 제한 없이 피상속인의 권리의무를 승계하게 되는 것 과 달리 상속포기는 처음부터 상속인이 아니었던 것으로 되고 한정 승인은 상속으로 취득하게 될 재산의 한도에서만 책임을 지게 된다.

상속 포기는 상속개시 있음을 안 날로부터 3개월 이내에 상속개 시지 가정법원에 포기 신고를 해야 한다. 상속인이 상속을 포기한 후에는 그 포기로 인하여 상속인이 된 사람이 상속재산을 관리할

물어보기 부끄러워 묻지 못한 생활 속 소송상식

수 있을 때까지만 그 재산의 관리를 계속하면 된다.

한정승인은 상속개시가 있음을 안 날로부터 3개월 이내에 상속재산의 목록을 첨부하여 상속개시지 가정법원에 한정승인 신고를 해야 한다. 상속인은 상속으로 인하여 물려받은 재산의 한도에서 피상속인의 채무 등을 변제할 수 있게 된다. 즉 피상속인의 채무로 상속인의 고유재산에 강제집행을 할 수 없다. 또 피상속인에 대한 상속인의 재산상 권리의무는 소멸하지 않는다.

참고로 한정승인 심판이 이루어진 후 나중에 재산목록에 포함되지 않은 적극재산(상속인에게 이익이 되는 상속재산) 또는 소극재산(채무, 즉 빚)이 발견된 때에는 이를 목록에 추가하는 내용의 한정승인심판 경정신청을 할 수 있다.

한편 뒤늦게 상속포기나 한정승인이 필요했음을 알게 된 경우 '특별한정승인'을 할 수 있다. 즉 상속인이 상속재산을 조사했음에도 불구하고 상속인은 상속채무가 상속재산을 초과하는 사실을 중대한 과실 없이 상속개시 있음을 안 날로부터 3개월 내에 알지 못하고 단순승인(+단순승인으로 보는 경우)을 한 경우에는 그 사실을 안 날부터 3개월 내에 한정승인을 할 수 있다.

2장

—

돈 이외의 것이
문제되는 경우

명예훼손 범죄나 성범죄 등의 경우에도 손해배상 청구가 가능한 것은 물론
이다. 다만 이러한 경우에는 돈 이상으로 더 중요한 다른 것이 문제되는 경
우도 많다. 여기서는 돈 이외의 것이 더 문제되는 경우를 살펴보자.

명예훼손의
경우

　인터넷 뉴스 기사에 댓글을 단다거나 각종 게임을 하면서 채팅을 하게 되는 경우 등 온라인 환경이 발전해가면서 명예훼손죄나 모욕죄가 문제되는 경우가 계속해서 늘고 있다. 상품이나 가게를 리뷰하는 경우에도 명예훼손으로 고소되는 일도 비일비재하다. 이렇게 누구나 연루될 수 있는 명예훼손죄를 살펴보자.

　명예훼손죄의 경우 어떤 매체를 이용했느냐에 따라 정보통신망법상 명예훼손죄, 출판물 등에 의한 명예훼손죄, 일반 명예훼손죄가 성립될 수 있다. 또 그 내용이 사실이냐 거짓이냐에 따라 거짓인 경우에 보다 중하게 처벌한다. 참고로 죽은 사람의 명예를 위해 사자명예훼손죄가 있다.

　명예훼손죄의 성립을 따질 때는 특히 명예훼손적 표현, 공연성

(전파가능성), 특정성이 문제된다. 즉 피해자의 사회적 가치나 평가를 침해할만한 (거짓)사실의 표현으로, 불특정 또는 다수인이 인식할 수 있는 상태에서, 피해자가 누구인지 특정이 되도록 해야 명예훼손죄가 성립하는 것이다.

따라서 사실이 아닌 단순한 의견이나 추상적 판단, 욕설 등의 표현은 모욕죄에 해당할 여지가 있을 뿐이다. 표현의 정도에 있어 과하지 않다면 명예훼손죄가 성립되지 않는다.

표현 당시 여러 명이 인식할 수 있는 상태에 있어야 한다. 따라서 특정한 소수의 사람들만이 인식할 수 있는 상황이라면 명예훼손죄가 되지 않는다. 하지만 한 사람에게만 말한 경우라도 다수에게 전파될 수 있는 경우 공연성이 인정될 수 있다.

표현 당시 피해자가 누구인지 알 수 있어야 한다. 예를 들어 온라인에서 명예훼손적 표현을 한 경우라도 일반적으로 아이디만으로 피해자가 누구인지 알 수 없어 명예훼손죄가 되지 않는다. 실명 등 개인정보가 언급되었거나 그 표현만으로 또는 그 표현내용과 함께 주위 사정을 종합하여 피해자 누구인지 알 수 있는 경우라면 특정성이 인정될 수 있다. 그 판단에 있어 피해자가 유명인물인지, 피해자를 아는 이용자들이 다수 존재하는지 등을 고려하게 된다.

한편 명예훼손죄는 그 표현이 진실한 사실로서 오로지 공공의 이익에 관한 때에는 처벌받지 않는다. 하지만 이는 바로 인정되는 것이 아니라 그 표현을 한 사람이 증명하여야 하므로 고소를 당하면 조사를 받아야 하게 된다. 따라서 부정적인 리뷰 등의 작성은 신중하게 할 필요가 있다.

명예훼손죄가 성립되는 경우 민사소송이나 형사 고소를 할 수 있고 그 외에 명예훼손금지 가처분 신청을 통해 계속해서 가해지는 피해를 미리 막을 수도 있다. 한편 명예훼손죄는 피해자와 합의를 하여 피해자가 처벌을 원하지 않는 경우 처벌을 피할 수 있다.

참고로 1:1 채팅이나 인스타 DM 등으로 피해자에게 직접 명예훼손적 표현을 하는 경우 피해자가 혼자 봤고 피해자가 이를 전파하지 않을 것이므로 공연성이 없어 명예훼손죄가 성립되기 어렵다. 다만 성적 욕망을 유발하거나 만족시킬 목적으로 성적 수치심이나 혐오감을 일으키는 표현을 한 경우라면 성폭력처벌법상 통신매체이용음란죄에, 반복적인 경우 정보통신망법상 불안감조성죄나 스토킹범죄에 해당할 수 있다. 또 표현에 따라 협박죄가 될 수도 있다.

· 명예에 관한 죄들의 형량 비교 ·

	명예훼손죄	사자(죽은 사람)명예훼손죄	출판물등명예훼손죄	정보통신망법상(사이버) 명예훼손죄	모욕죄
사실 적시	2년 이하의 징역이나 금고 또는 500만원 이하의 벌금	처벌X	3년 이하의 징역이나 금고 또는 700만원 이하의 벌금	3년 이하의 징역 또는 3천만원 이하의 벌금	1년 이하의 징역이나 금고 또는 200만원 이하의 벌금 ※ (허위)사실 적시 없는 단순 의견, 추상적 판단, 욕설 등에 성립
허위 사실 적시	5년 이하의 징역, 10년 이하의 자격 정지 또는 1천만원 이하의 벌금	2년 이하의 징역이나 금고 또는 500만원 이하의 벌금	7년 이하의 징역, 10년 이하의 자격 정지 또는 1천500만원 이하의 벌금	7년 이하의 징역, 10년 이하의 자격 정지 또는 5천만원 이하의 벌금	

 TIP   **사실 적시와 허위사실 적시**

연예인 A가 불륜을 저질렀다는 기사에 B가 아래 내용의 댓글을 쓴 경우를 살펴보자.
① "듣보잡 주제에 함량미달이기도 했네"
② "20XX년에 마약도 한 놈이"

이때 ②의 경우가 '사실 적시(지적·표시)'를 한 경우이고 ①은 가치판단이나 평가를 내용으로 하는 '의견표현'일 뿐이다. 즉 사실 적시란 '의견표현'에 대비되는 개념으로 표현내용이 증거에 의한 증명이 가능한 것을 말한다.
그런데 이때 만약 A가 20XX년에 마약을 한 사실이 없다면 B는 거짓말을 한 것이 된다. 결국 이 경우가 '허위사실 적시'를 한 경우이다.

물어보기 부끄러워 묻지 못한 생활 속 소송상식

02

흔히 발생할 수 있는
폭행·협박 및 상해의 경우

술자리에서나 길거리를 가다가 시비가 붙는 경우, 돈을 갚으라고 하는 경우 등에 흔히 일어날 수 있는 범죄가 폭행·협박죄이다. 또 상해죄까지 이를 수도 있다.

폭행죄는 사람의 신체에 대한 것이어야 한다. 그러나 반드시 사람의 신체에 직접 접촉할 필요는 없다. 따라서 주먹을 휘둘렀으나 빗나간 경우에도 폭행미수가 아니라 폭행죄가 될 수 있다. 또 단순히 때리는 것만을 말하는 것이 아니라 물리력으로 고통이 발생되는 경우의 대부분이 폭행죄에 해당할 수 있다.

협박죄는 일반적으로 공포심을 일으킬 정도가 되어야 성립한다. 단순한 감정적인 욕설이나 일시적 분노의 표시, 폭언은 협박이 아니다. 또 겉으로는 권리행사나 직무집행으로 보이더라도 실질적으로 지나친 경우 협박죄가 성립한다.

상해죄는 폭행죄와의 구별이 문제되는데 이론적인 부분은 차치하고 상해진단서가 중요하다. 의사들은 아프다고 하면 뚜렷한 증상이 없더라도 전치 2주의 상해진단서를 큰 고민 없이 발급해준다. 또 법관은 의학 전문가가 아니므로 보통은 이를 그대로 믿는다.

문제는 폭행죄와 달리 상해죄는 합의를 해도 상해죄로 기소될 수 있다는 데 있다. 결국 상해진단서가 있다고 무조건 상해죄가 되는 건 아니지만 합의를 한다면 애초에 상해진단서가 제출되지 않도록 해야 한다.

폭행죄·협박죄·상해죄의 경우 어느 경우에나 민·형사상 조치를 취할 수 있다.

하지만 시비가 붙은 경우에는 일반적으로 쌍방이 된다. 우리나라에서는 정당방위가 잘 인정되지 않고, CCTV 등 명백한 증거가 없다면 편파수사라는 지적을 피하기 위해 실무상 모두 기소내지 기소유예하게 되기 때문이다. 따라서 내가 더 많이 맞았다거나 상대방이 먼저 시비를 걸었다고 해서 내가 특별히 유리하지 않다.

결국 이러한 상황에서는 일단 피할 수 있으면 피하고, 만약 제압이 가능하다면 제압하는 정도에 그치고, 이도저도 안되면 그냥 맞는 게 정답이다. 물론 진짜 위험한 경우는 예외이다. 한편 동영상 촬영 등이 가능하다면 이를 통해 증거를 남기는 게 좋지만 상대를 더 자극할 수 있으니 주의가 필요하다. 목격자나 CCTV가 있다면 사후에 이를 빠르게 확보하고, 사건 직후 곧바로 병원에 가서 상해 진단서를 받아 두어야 한다.

· 폭행과 상해의 비교 ·

	폭행	상해
판단	① 육체적·정신적 고통을 주는 물리력을 행사하는 행위 ② 구타 등 직접적인 물리력을 행사하는 이외에 폭언 및 욕설을 하는 경우, 때릴 듯 위협하거나 물건을 던지는 경우, 고함을 치는 경우 등도 폭행에 해당할 수 있음 ③ 위험만 있어도 해당	① 육체적·정신적으로 치료가 필요한 상처를 입히는 행위 ② 찰과상 등 육체적인 상처 이외에 정신적 스트레스로 인한 수면장애·식욕감퇴·우울증, 기절 등도 상해에 해당할 수 있음 ③ 직접침해가 있어야 함
처벌	2년 이하의 징역, 500만원 이하의 벌금, 구류 또는 과료	7년 이하의 징역, 10년 이하의 자격정지 또는 1천만원 이하의 벌금
특이사항	① 합의시 사건 종결(전과 X) ② 미수시 처벌하지 않음	① 합의되어도 처벌(전과 O) ② 미수의 경우에도 처벌

03

절대 보면 안되는
19금 영상

과거 n번방 성착취물 제작 및 유포 사건이 우리나라를 떠들썩하게 했다. 최근에는 딥페이크 음란물이 문제가 되고 있다. 이러한 음란물 중 특히 가지고 있거나 보는 것만으로 처벌받을 수 있는 경우가 있다.

먼저 '불법 음란물≠성인영화'인 점을 혼동하지 말자. 성인영화는 영상물등급위원회의 심의를 거쳐 통과된 합법적인 영상물이다. 따라서 여기서 문제가 되는 것은 불법 음란물이다.

일단 이러한 불법 음란물을 유포하는 경우는 대부분 처벌대상이 된다. 예를 들어 그 촬영자와 그 대상자가 서로 동의하고 유포한 경우라도 정보통신망법상 음란물유포죄가 성립한다.

그런데 유포가 아니라 시청(+소지·구입 등)한 것만으로 처벌될 수 있는 경우가 있다. 바로 아동·청소년성착취물, 불법촬영물, 딥페이크 음란물이다.

아동·청소년성착취물이란 아동·청소년 또는 아동·청소년으로 명백하게 인식될 수 있는 사람이나 표현물이 등장하여 성적 행위를 하는 내용의 화상·영상 등을 말한다. 따라서 성인이 교복을 입고 등장하여 청소년으로 보이는 경우나 아동·청소년이 등장하는 음란 애니메이션의 경우 모두 아동·청소년성착취물에 해당한다. 아동·청소년의 성보호에 관한 법률에 따라 처벌된다.

불법촬영물은 촬영시 또는 유포시에 촬영 대상자의 의사에 반했을 경우에 있어서의 촬영물을 말한다. 성폭력처벌법상 카메라등이용촬영죄에 해당한다.

딥페이크 음란물은 대상자의 의사에 반하여 영상물 등을 편집 등을 한 경우에 인정된다. 성폭력처벌법상 허위영상물등반포등죄에 해당한다.

참고로 소설은 대상이 아니나 소지를 넘어 공유할 경우 정보통신망법상 음란물유포죄에 해당될 수 있다.

촬영자가 아니고 단순히 소지만 하고 있을 경우 입건 등 문제가 발생되는 것은 대부분 유료로 구매했을 때이다. 구매한 수많은 영상 안에 불법촬영물 등이 포함되어 있을 가능성이 있고 유통한 사람이 잡히면 리스트를 뒤져 모두 잡히게 되는 것이다. 또 일부 프로그램은 다운로드와 동시에 자동으로 업로드가 되어 유포에 해당될 수 있으니 주의가 필요하다. 참고로 불안하다고 변호사 등에게 입건 가능성을 물어보더라도 이는 누구도 알 수 없다.

이에 대해 모르고 받았는데 불법촬영물 등이 있었던 경우 고의로 한 것이 아니라고 주장하는 등으로 방어할 수 있다. 피해자는 물론 민·형사상 조치를 취할 수 있다.

물어보기 부끄러워 묻지 못한 생활 속 소송상식

04
학교폭력이
발생한 경우

흔히 학교폭력, 줄여서 학폭이라고 부르고 있지만 실제로는 학교 내외에서 학생을 괴롭히는 모든 행위가 이에 포함된다. 즉 학생의 신체·정신·재산상 피해를 수반하는 모든 행위가 학폭이 된다. 이에는 신체폭력, 언어폭력, 금품갈취, 강요, 따돌림, 성폭력, 사이버폭력 등의 유형이 있다.

이에 대한 사전예방책으로 전문상담교사 배치 및 전담기구 구성, 학생 보호인력 배치 및 학교전담경찰관 운영, 학교폭력 예방교육 실시 등이 행해지고 있다. 또 학폭이 발생하면 학폭신고 및 고발, 관련학생 조치, 사안조사 및 전담기구의 심의, 긴급조치 등이 이뤄진다.

특히 중요한 것은 해결방법이다. 이에는 학교장의 자체해결, 학교폭력대책심의위원회를 통한 해결, 법원을 통한 해결 방법이 있다.

학교장의 자체해결은, 2주 이상의 신체적·정신적 치료를 요하는 진단서를 발급받지 않은 경우, 재산상 피해가 없는 경우 또는 재산상 피해가 즉각 복구되거나 복구 약속이 있는 경우, 학교폭력이 지속적이지 않은 경우, 학교폭력에 대한 신고, 진술, 자료제공 등에 대한 보복행위(정보통신망을 이용한 행위를 포함)가 아닌 경우 모두에 해당하는 경미한 학교폭력에 대해 피해학생 및 그 보호자가 학교폭력대책심의위원회의 개최를 원하지 않는 경우에 할 수 있다.

학교폭력대책심의위원회는 분쟁을 조정할 수 있다. 분쟁당사자인 피해학생, 가해학생 또는 그 보호자 중 어느 한 쪽은 해당 분쟁사건에 대한 조정권한이 있는 심의위원회 또는 교육감에게 문서로 분쟁조정을 신청할 수 있다.

교육장의 조치에 대해 이의가 있는 경우 행정심판 청구나 행정소송 제기를 할 수 있다. 심판청구·소송제기만으로는 처분 등의 효력 등에 영향을 주지 않으므로, 처분 등의 효력 등을 정지시키려면 집행정지 결정을 받아야 한다. 집행정지 신청이 인용된 경우 피해학생 및 그 보호자는 학교의 장에게 가해학생과의 분리를 요청할 수 있다.

법원을 통한 해결은 가해자에게 민사 책임, 형사 책임을 묻는 절차를 말한다.

민사상의 손해배상 책임이 발생하게 되는데, 이때 가해자는 물론 경우에 따라서는 교사에게도 책임이 발생한다. 또 국·공립학교에서 발생한 경우에는 학교를 설치·운영하는 국가 또는 지방자치단체가 배상책임을 부담하고, 사립학교에서 발생한 경우에는 학교를 설치·운영하는 학교법인이 배상책임을 부담한다.

형사책임 절차에 있어, 나이(10세 미만, 10세 이상~14세 미만, 14세 이상) 등에 따라 형사책임만은 지지 않는 경우, 소년보호재판으로만 가는 경우, 소년보호재판 또는 형사재판으로 가는 경우가 있다. 소년보호재판의 경우 특히 보호처분이 나오더라도 이는 전과로 남지 않는다는 점 등에서 형사재판의 경우와 차이가 있다.

· 학교폭력 지원체제 ·

기관	주요 지원체제
117 학교폭력 신고·상담센터	전화로 어디에서나 국번없이 117을 눌러 신고하며, 24시간 운영함. 긴급 상황시에는 경찰 출동, 긴급구조를 실시
위(Wee)프로젝트	We(우리들), education(교육), emotion(감성)의 첫 글자를 모은 것으로 학교 및 교육(지원)청에서 학생 상담 지원 Wee클래스(학교 단위)-Wee센터(교육지원청 단위)-Wee스쿨(시·도교육청 단위)
청소년상담복지센터 (청소년안전망)	위기청소년에게 적합한 맞춤형 서비스를 제공하는 ONE-STOP 지원센터
청소년전화 1388	청소년의 위기, 학교폭력 등의 상담, 신고 전화
푸른나무재단 (1588-9128)	학교폭력 관련 전화 및 사이버 상담을 실시하고, 학교폭력 피해학생 및 가족 대상 통합지원, 학교폭력SOS지원단에서는 화해·분쟁조정지원, 사안처리 진행자문 및 컨설팅 지원
청소년꿈키움센터(법무부 청소년비행예방센터)	학교폭력 가해학생 및 보호자 특별교육, 찾아가는 학교폭력 예방교육 등 운영
대한법률구조공단(132)	법률상담, 변호사 또는 공익법무관에 의한 소송대리 및 형사변호 등의 법률적 지원

출처 법제처 찾기쉬운 생활법령정보 '학교폭력의 유형 및 주요 지원체제'에서 발췌

05

연인들이여! 이별 후도 대비하라
이별 범죄와 선물 반환의 문제

요즘은 결혼에 골인해도 많이도 이혼하는 세상이다. 하물며 연인관계라면 어떠하랴. 물론 사랑으로 만나는 중에 이별 후를 걱정하라는 게 이상한 말이긴 하다. 그러나 실제로 이별 후 발생하는 또는 남겨진 문제로 고통을 겪는 경우가 많으니 분명 생각해볼 필요는 있다.

이른바 데이트 폭력이 연인 간에 문제되는 것이라면 이별 후 발생하는 문제에는 이른바 이별 범죄가 있다. 그 종류도 다양하다. 스토킹, 폭행, 감금, 강간, 살인 이외에 성관계 동영상 등으로 협박을 하기도 한다. 모두 민·형사상 조치를 취할 수 있는 것은 물론이다.

그런데 이중 최근에 특히 문제가 되고 있는 스토킹범죄를 살펴보자. 스토킹행위는 상대방의 의사에 반하여 정당한 이유 없이 접

물어보기 부끄러워 묻지 못한 생활 속 소송상식

근하는 등의 행위를 말한다. 이때 그 대상은 상대방 이외에도 그 동거인, 가족이 포함되고, 그 방법에는 접근 이외에 전화를 거는 등 우리가 생각할 수 있는 대부분의 경우가 포함된다. 이러한 스토킹행위를 지속적 또는 반복적으로 하는 경우 스토킹범죄가 된다.

참고로 설사 스토킹범죄에 해당하지 않더라도 경우에 따라 경범죄 처벌법, 정보통신망법, 형법, 성폭력처벌법, 여성폭력방지법 등에 따라 처벌될 수 있다.

스토킹범죄는 처벌이 강화되었으므로 아직도 너무 사랑하니까 또는 전 연인이었으니까 하는 안일한 생각으로 저지르게 될 가능성이 크기 때문에 주의할 필요가 있다.

피해자는 긴급한 상황에 처했을 때 경찰에 신고하여 스토킹행위자로부터 보호받을 수 있다. 경찰은 상황에 따라 응급조치(신고 시 현장에 나가 즉시 취하는 조치), 긴급응급조치(신고 시 스토킹범죄로 발전할 우려가 있고 예방을 위해 긴급한 경우(사후승인)) 또는 잠정조치(스토킹범죄 재범 우려가 있는 경우)를 적용할 수 있다. 반대로 이런 조치를 위반하는 경우도 처벌대상이 되므로 특히 주의할 필요가 있다.

참고로 데이트 폭력 등 스토킹범죄가 아닌 경우라면 법원에 접근금지 가처분을 신청할 수 있다.

이별 후 남겨진 문제로는 상대방이 거부한 성관계가 성범죄가 되는지와 전 연인에게 준 선물이나 돈을 돌려받을 수 있는지이다.

부부간에도 강간죄가 성립되는 점에서 알 수 있듯 성관계 당시의 상대방의 의사에 따라 강간죄 등 성범죄 성립 여부가 결정된다. 실제로 연인 관계일 때는 유야무야로 넘어간 문제를 이별 후 고소하겠다는 경우가 많다. 따라서 상대방이 성관계를 거부한다면 어떠한 경우에도 하지 말아야 한다는 점을 분명히 알 필요가 있다.

전 연인에게 준 선물이나 돈은 원칙적으로 돌려받을 수 없다. 연인간 주고 받은 선물이나 돈은 대여(빌려주는 것)가 아니라 증여(주는 것)로 보기 때문이다. 다만 그 선물이 교제 지속을 조건으로 주었던 경우 또는 차용증 등이 있어 돈을 증여 아닌 대여한 경우임이 분명히 드러난다면 예외적으로 선물이나 돈을 돌려받을 수 있다. 물론 특히 선물의 경우 교제 중에 이런 경우는 잘 없다. 따라서 만약 고가·고액의 경우라면 증거를 남기는 것도 고려해야 한다.

물어보기 부끄러워 묻지 못한 생활 속 소송상식

06

배우자의

불륜 문제

배우자가 불륜 또는 외도라고 불리는 행동을 했을 경우 과거에는 간통죄로 처벌받았다. 그러나 간통죄가 폐지된 이후에는 결국 이는 상간 소송을 통해 위자료 청구만을 할 수 있는 민사적인 문제가 되었다.

만약 상간한 것을 알거나 의심하게 된 경우라면 주의할 것이 몇 가지 있다.

먼저 확실한 증거를 확보할 때까지는 배우자에게 이를 알고 있다는 표현을 하지 않아야 한다. 준비 없이 외도를 의심하거나 분노를 표출하게 된다면 상대방에게 외도 증거를 은닉할 시간을 주는 셈이 되기 때문이다.

증거는 합법적인 방법으로 수집해야 한다. 배우자와의 대화 과정에서 녹음된 증거, 공용 컴퓨터 등 공용 물품을 통해 자연스럽게 확보된 증거, 배우자가 공개적으로 올린 사진 등의 증거 등은 합법적이다. 반면 타인 간의 대화 녹음 증거, 휴대폰이나 개인 계정에 무단으로 접근하여 확보한 증거, 탐정을 고용하여 배우자 동선을 추적하거나 불륜 현장을 촬영하여 확보한 증거 등은 불법적이다.

또 드라마나 영화에서 나오듯 배우자에게 폭력을 휘두르거나 명예훼손을 하는 경우, 상간자에게 지나친 욕설이나 폭언, 협박을 하거나 배우자의 휴대폰에서 상간자의 개인정보를 취득하는 등의 행동은 오히려 형사처벌 대상이 될 수 있어 주의가 필요하다. 즉 상간 소송은 민사 문제일 뿐이므로 배우자나 상간자를 범죄자 취급하면 오히려 형사 고소를 당할 수 있다. 이른바 갑을관계가 역전될 수 있는 것이다.

이때 처벌을 피하기 위해 합의를 해야 하는 경우도 있다. 합의를 하게 되면 상간 소송에서 위자료가 줄어들 수 있고 생각보다 위자료 액수가 적으므로 상황에 따라 청구가 불가할 수도 있다.

반대로 상간 소송의 피고가 된 경우라면 어떻게 방어할 수 있을까? 상대방이 기혼자인 것을 몰랐다거나, 상대방과 성관계 등 부정한 행위를 하지 않았다거나, 상대방 혼인관계가 이미 파탄되어 있었다거나, 소송상 청구하는 위자료 액수가 과도하다고 주장할 수 있다. 참고로 보통 상간 소송에서의 위자료는 1~3천만 원 선으로 알려져 있다. 그럼에도 상간 소송에서 패소한다면 상간 상대방에게 '구상권'을 행사하여 위자료 중 일부나 전부를 지급받을 수 있다.

· 상간 소송 ·

소멸시효 (일정 기간 행사되지 않은 권리를 소멸시키는 제도)	부정행위 사실을 안 날로부터 3년 부정행위가 있는 날로부터 10년
소송 기간	4개월~8개월
위자료 액수	1천만 원~5천만 원
이혼 필요성	이혼 여부와 무관
소송 상대방	상간자, 배우자, 둘 다
중요한 점	① 상대방이 유부남·녀임을 알았는지 여부 ② 문자, 카톡, 통화내역, 블랙박스, CCTV 등 증거수집 ③ 부정행위 기간과 혼인관계 파탄 여부

07

장단점 비교를 통한
이혼 방식의 선택

이혼의 방식에는 크게 협의 이혼과 재판상 이혼이 있다. 그런데 재판상 이혼을 하려면 먼저 가정법원의 조정을 거쳐야 한다. 즉 이혼소송을 제기하기 전에 먼저 가정법원에 조정을 신청해야 하며 조정신청 없이 이혼소송을 제기한 경우에는 가정법원이 그 사건을 직권으로 조정에 회부한다. 결국 조정으로 이혼이 되기도 하는 것이다. 협의·조정·재판상 이혼 중 하나를 선택하기 위해 그 장단점을 각각 살펴보자.

	협의 이혼	조정 이혼	재판상 이혼
장점	①상호 합의로 원만한 이혼 절차 진행 가능 ②소송비용·시간 절약 가능 ③부부간 상호 협력 유지 가능 ④갈등·분쟁 최소화 및 가족간 관계 유지 용이	①갈등·분쟁 최소화로 평화적 이혼 절차 진행 가능 ②법정 절차보다 간소화된 절차로 빠른 이혼 가능 ③조정조서는 법적인 효력이 있고 법적 제재도 가능	①법정에서 분쟁을 해결하여 공정한 심판이 이루어짐 ②법률 전문가의 조언과 법적 보호를 받을 수 있음
단점	①갈등이 심하면 어려움 ②여러 문제들에 대한 합의 도달의 어려움 ③협의를 명확히 하지 않으면 이혼신고후 2년 내에 재산분할에 대해 다시 분쟁이 발생하고 재판 진행 가능	①갈등이 있으면 합의에 도달이 어려움 ②법원 감독이 없어 양측 권리·이익 보호에 어려움	①소송 절차가 길고 복잡함 ②소송비용·시간이 많이 소요됨 ③갈등이 깊어져 부부관계에 악영향을 줄 수 있음
선택기준	부부가 상호 존중 속에 원만한 대화가 가능한 경우 ⇒ 법정 공방을 피해 비용·시간 절약 가능하고 자녀의 복지·안녕에 도움이 됨	①이혼 합의가 된 경우 또는 협의하지 않았더라도 조정을 통해 원하는 조건을 맞춰갈 수 있는 경우 ②향후 분쟁예방을 위한 법적 제재가 필요한 경우 ⇒ 판결문과 동일한 효력의 조정조서를 통해 법적 제재 가능	부부 간 갈등·분쟁이 심각하여 합의에 도달할 수 없는 경우 ⇒ 심각한 문제를 법정에서 심판 절차로 공정하게 해결 가능

각각의 방식은 부부가 자신이 처한 상황에서 우선순위를 어디에 둘 것인가에 따라 선택하면 된다. 다만 상대방이 부정한 행위를 저지른 경우, 상대방을 속이거나 재산을 은닉하는 경우, 부부간 폭력이나 학대 등 심각한 문제가 있는 경우 등에는 재판상 이혼이 필요하다.

시작 이상으로 끝도 중요하므로 법률 전문가의 조언과 도움을 받는 것도 좋다.

물어보기 부끄러워 묻지 못한 생활 속 소송상식

08

생활 속
저작권 문제

많은 사람이 유튜버나 블로거로 활동하는 등 요즘 같은 1인 미디어 시대에는 그만큼 누구나 저작권을 침해할 수 있다. 따라서 간단하게 생활 속 저작권 문제에 대해 살펴보자.

먼저 우리가 흔히 표절이라고 하는 것과 저작권 침해의 차이를 알아보자. 한국저작권위원회에서 규정한 개념을 보자.

표절은 "일반적으로 두 저작물간의 실질적으로 표현이 유사한 경우는 물론 전체적인 느낌이 비슷한 경우까지를 의미하며, 그 안에는 타인의 저작물을 자신이 창작한 것처럼 속였다는 도덕적 비난이 강하게 내포되어 있다. 따라서 타인의 저적물의 창작적 표현을 복제하였을 경우에는 표절의 문제가 발생할 수 있다."라고 한다.

저작권 침해는 "저작권자 등의 허락이나 정당한 권원 없이 타인의 저작물 또는 저작인접물의 전부 또는 일부를 이용하는 것을 말한다."라고 한다.

거칠게 표현하자면 표절은 베끼는 모든 경우에 인정되는 것이고, 저작권 침해는 표절인 것들 중에 특정요건이 충족되는 과도한 경우에만 인정되는 것이다. 따라서 저작권 침해의 요건이 중요하다.

저작권은 표현에 있는 것이지 표현되기 이전 단계인 아이디어에는 없다. 결국 저작권법상의 보호를 받기 위해서는 저작물, 의거, 실질적 유사성이 필요하다. 저작물이 되려면 표현에 창작성이 있어야 한다. 의거라는 건 결국 이전 작품에 '의거'하여 작성되었다는 것, 즉 표절할 수 있는 기회가 있었던 것 등을 따지는 것이다. 실질적 유사성이란 실제로 얼마나 비슷한가의 문제인데 당연히 이것은 저작물의 종류에 따라 판단의 기준이 되는 요소 등이 다르다. 물론 이에 대해서는 민·형사상 조치를 취할 수 있다. 실제로 생활 속에서 일어날 수 있는 저작권 문제를 살펴보자.

대학생이나 연구자라면 책을 복사하게 되는 경우도 많을 것이다. 그러면 저작권 문제는 없을까?

공표된 저작물일지라도 비영리 목적의 개인적 이용을 위한 복제는 원칙적으로 허용된다. 그러나 많은 사람들이 사용할 수 있는 도서관, 복사집, 인쇄소 등에 설치된 복제기기를 이용하여 복제하는

물어보기 부끄러워 묻지 못한 생활 속 소송상식

행위는 금지된다. 다만 도서관 등의 책의 '일부분'을 조사·연구 목적으로 복제하는 것은 문제가 되지 않는다. 따라서 도서관, 복사집, 인쇄소 등에서 책의 전부를 복제하는 것만은 피해야 한다.

요즘 뉴스기사들은 천편일률적이라고 할 만큼 비슷비슷한 기사들이 많이 보인다. 왜 비슷비슷한 내용의 뉴스 기사들에 저작권 문제가 발생하지 않을까?

저작권법은 특별히 '보호받지 못하는 저작물'을 규정하고 있는데, 이에는 '사실의 전달에 불과한 시사보도'가 포함되어 있기 때문이다. 다만 이를 보호하지 않는 이유는 독창적이고 개성 있는 표현 수준에 이르지 않았기 때문이므로 그 내용 중에 독창적이고 개성 있는 표현 수준에 이르는 부분이 있다면 그 부분은 저작권법의 보호대상에 해당될 수 있다.

'폰트 저작권'이 문제되는 경우도 많다. 사실의 전달에 불과한 시사보도를 인용하는 경우처럼 그 내용상 저작권 문제가 없는 경우에도 폰트 저작권은 별개이다. 따라서 이런저런 곳에 글을 게시하거나 할 때에는 폰트의 사용범위를 확인하고 실수하지 않도록 주의를 해야 한다.

09

성폭력의
문제

성폭력 범죄는 강간·추행 등 행위의 방법, 피해자의 나이·상황 등 특성 등에 따라 다양한 유형이 있다. 이에 대해 형법 및 성폭력처벌법은 매우 촘촘한 규정을 두어 처벌·가중처벌 하고 있다.

성폭력 발생시에는 먼저 경찰청, 검찰청, 여성긴급전화, 성폭력피해상담소, 해바라기센터 등에 신고를 할 수 있다. 성폭력피해상담소, 성폭력피해자보호시설, 여성긴급전화 1366 등을 통해 상담을 받을 수 있다.

물론 이에 대한 가장 확실한 대처방법은 형사 고소를 하는 것이다. 몇몇 범죄의 경우 DNA 증거 등 과학적인 증거가 있는 경우에는 공소시효가 10년 연장되고, 몇몇 범죄의 경우 아예 공소시효를 적용하지 않는다. 따라서 피해자는 사건 후 시간이 꽤 흘렀더라도 고소를 고려해볼 수 있다.

배상명령 또는 민사소송을 통해 손해배상을 받을 수도 있다. 미성년자가 성폭력, 성추행, 성희롱, 그 밖의 성적 침해를 당한 경우 손해배상청구권의 소멸시효는 그가 성년이 될 때까지는 진행되지 않는다. 따라서 미성년자일 때 침해를 당한 경우 사건 후 시간이 꽤 흘렀더라도 민사소송을 고려해볼 수 있다.

피해자는 성폭력피해자보호시설을 통해 일정한 기간 동안 보호받을 수 있다. 피해자의 나이·상황 등 특성 등에 따라 일반보호시설, 장애인보호시설, 특별지원 보호시설, 외국인보호시설, 자립지원 공동생활시설, 장애인 자립지원 공동생활시설에 입소할 수 있다.

수사단계에서는 성폭력 피해자에 대한 전담조사제, 동성경찰관에 의한 조사, 신뢰관계 있는 사람의 동석, 피해자 진술 등 촬영·보존, 진술조력인의 참여, 국선변호사 선정 등 인권보호조치를 받을 수 있다.

공판단계에서는 성폭력범죄에 대한 전담재판부, 심리의 비공개, 신뢰관계 있는 사람의 동석, 중계장치에 의한 증인신문, 진술조력인의 참여, 영상물의 증거활용, 증거보전 청구 등 인권보호조치를 받을 수 있다.

또 피해자의 신원 및 사생활비밀 누설 금지, 신변안전조치 및 신변보호, 출판물 게재 및 방송매체 등 공개금지, 정보 삭제 등 요청 등을 통해 신원 및 사생활 보호를 받을 수 있다. 형사절차 등 관련 정보도 제공받을 수 있다. 각종 의료지원, 취업지원, 주거지원, 법률지원 및 긴급지원도 받을 수 있다.

반면 가해자는 피의자 얼굴 등 신상 공개, 신상정보 등록·공개·고지, 위치추적 전자장치 부착, 성충동 약물치료 등을 당할 수 있다. 또 성폭력으로 형이 확정된 사람에 대해서는 아동·청소년 관련 교육기관 등에 취업이 제한된다.

· 성폭력 피해 신고기관 및 연락처 ·

구분	신고전화	인터넷 신고
경찰청	☎ 112	사이버경찰청
검찰청	☎ 1301	검찰청 온라인민원실
여성긴급전화	☎ 지역번호+1366	여성긴급전화 1366
성폭력피해상담소	전국 성폭력피해상담소 연락처	
해바라기센터	전국 해바라기센터 연락처	

출처 법제처 찾기쉬운 생활법령정보 '신고'에서 발췌

10

억울한 피고소인은 대부분 무고죄 고소를 하지만...

피고소인은 불기소처분되거나 무죄판결이 선고된 경우 대부분 상대방에 대한 무고죄 고소를 고려한다. 자신이 억울하게 조사나 재판과정에서 고통을 받았으니 똑같이 당하게 하고 싶기 때문이다.

그런데 무죄 등이 나온다고 바로 상대방에게 무고죄가 인정되지는 않는다. 허위 사실, 즉 거짓말로 고소나 신고를 해야만이 무고죄가 성립되기 때문이다.

허위 여부는 그 범죄의 요건과 관련하여 '신고 사실'의 '핵심 또는 중요내용'이 허위인가에 따라 판단하므로 정황을 다소 과장한 경우나 신고 사실은 객관적 진실과 일치하나 법적 평가·죄명을 잘못 적거나 형사책임을 부담할 자를 잘못 지목한 경우 허위신고가 아니다. 허위사실이라는 요건은 적극적 증명이 있어야 하고 신고사실의 진실성을 인정할 수 없다는 것만으로는 무고죄가 성립하지 않는다.

참고로 상대방의 고소하겠다는 말만 듣고 무고죄로 고소하겠다는 경우도 있으나 이 경우에도 무고죄가 될 수 없다. 공무소(관공서) 또는 공무원에 대하여 신고할 것이 요구되기 때문이다.

무고죄를 엄벌하는 추세에는 있으나 실제로 무고죄로 기소되어 처벌로까지 이어지는 경우는 매우 드물다.

따라서 무고죄 고소는 단순히 무죄 등 결과가 나왔다는 것에 더해 고소인의 고소장 등을 면밀히 검토하여 허위 사실이 들어있는지를 살핀 후 결정해야 한다. 이러한 절차를 거치지 않으면 오히려 무고에 대한 무고로 고소당할 수 있기 때문이다. 물론 다시 무고로 고소당하는 것을 지나치게 두려워하여 내가 무고로 고소할지를 망설일 필요까지는 없다. 무고에 대한 무고 역시 동일하게 거짓말로 고소하지 않으면 무고죄가 성립하지 않기 때문이다.

물론 이와 별개로 피해자는 가해자를 상대로 민사상의 손해배상 청구를 할 수 있으므로 이를 통해 피해회복을 하는 방법도 진지하게 검토해 보아야 한다.

· 무고죄 고소 여부 결정에 도움이 되는 주요 판례 정리 ·

무고죄 성립 사례 ※ 특별한 언급이 없으면 형사·징계처분 목적, 고의, 허위신고가 있음을 전제	무고죄 불성립 사례
① 피무고자(피해자)의 승낙이 있었던 경우	① 국민신문고에 사립학교 교직원·교수에 대한 민원을 제기한 경우
② 서울지방변호사회에 변호사에 대한 진정서를 제출한 경우	② 객관적 사실관계는 진실하나 죄명만 잘못 적은 경우
③ 형사·징계처분을 받게 될 것이라는 인식은 있으나 그 결과발생을 희망하지는 않고 고소장을 제출한 경우	③ 객관적 사실과 일치하나 주관적 법률평가의 잘못으로 고소한 경우
④ 형사·징계처분권자에게 직접 신고한 것은 아니지만 이첩을 통해 그 권한자에게 도달된 경우	④ 신고사실이 진실이나 그에 대한 형사책임을 부담할 자를 잘못 지적한 경우
⑤ 대통령에게 진정의 형식으로 신고한 경우	⑤ 단지 정황을 다소 과장한 것에 불과한 경우(구타를 당한 것은 사실이나 입지 않은 상해사실을 포함하여 고소한 경우 등)
⑥ 국세청장에게 탈세혐의사실에 관한 진정서를 제출한 경우	
⑦ 도지사에게 진정의 형식으로 신고한 경우	⑥ 수사기관 등의 추궁 과정에서 허위 진술을 한 경우
⑧ 수개의 혐의사실 중 일부 진실, 일부 허위인 때 허위부분의 경우	⑦ 허위신고라고 믿었지만 객관적으로 진실한 신고였던 경우
⑨ 일부 허위사실이 포함된 때 그로 인해 국가의 심판작용을 그르치거나 고소사실 전체의 성질을 변경시키는 경우	⑧ 도박자금으로 사용하는 것을 알고 있었던 사실을 밝히지 않고 차용인을 사기죄로 고소한 경우
⑩ 합의에 따라 담보 자동차를 처분하였는데 허락 없이 마음대로 처분하였다고 고소한 경우	⑨ 상대방의 범행에 공범으로 가담한 사실을 숨기고 상대방만을 고소한 경우
⑪ 도박자금으로 빌려준 사실을 감추고 단순 대여금인 것처럼 하여 변제하지 않고 있으니 처벌하여 달라고 고소한 경우	⑩ 허위사실을 신고하였으나 그 사실 자체가 형사범죄가 아닌 경우

⑫ 요청에 따라 때리고 돈을 받아갔으나 이를 폭행하여 돈을 빼앗았다고 신고한 경우	⑪ 허위신고더라도 공소시효가 완성되었음이 신고내용 자체에 의하여 분명한 경우
⑬ 갑을 현행범으로 체포하려는 경찰관을 을이 폭행하여 을이 현행범 체포되었는데 을이 경찰관의 현행범 체포업무를 방해하지 않았다며 경찰관을 불법체포로 고소한 경우	⑫ 허위신고더라도 사면되어 공소권이 소멸된 것이 분명한 경우
⑭ 공소시효가 완성되었더라도 공소시효가 완성되지 않은 것처럼 고소한 경우	⑬ 허위신고더라도 친고죄에서 고소기간 경과로 공소를 제기할 수 없음이 신고내용 자체에 의하여 분명한 경우
⑮ 범죄·징계요건 사실을 구체적으로 명시하진 않았으나 수사권·징계권 발동을 촉구하는 정도로 신고한 경우	⑭ 허위신고더라도 그 허위성에 대한 인식이 없는 경우
⑯ 허위신고임을 확신하진 않으나 진실의 확신없는 사실을 신고한 경우	
⑰ 고소장이라는 명칭을 쓰진 않았으나 형사·징계처분 목적의 허위사실로 신고한 경우	
⑱ 고소장에 기재하지 않은 사실을 수사기관에서 고소보충조서를 받을 때 자진하여 진술한 경우	
⑲ 고소 목적이 상대방의 처벌에 있지는 않으나 시비를 가려달라는 데에는 있는 경우	